질문하는 자가 살아남는다

질문의
마력

질문하는 자가 살아남는다

질문의 마력

지은이 오정욱

발행일 2018년 8월 30일

펴낸이 양근모

발행처 도서출판 청년정신 ◆ **등록** 1997년 12월 26일 제 10—1531호

주 소 경기도 파주시 문발로 115 세종출판벤처타운 408호

전 화 031)955—4923 ◆ **팩스** 031)955—4928

이메일 pricker@empas.com

질문하는 자가 살아남는다

질문의 마력

글 오정욱

IQ 에 서 QI 로 청년정신

프롤로그

혁신적 산물을 일컬을 때 '전대미문前代未聞'이라는 표현을 사용한다. 전에는 들어본 적이 없다는 의미. 그렇다면 '전대미문'의 작품을 창조하려면 어떻게 해야 할까?

전대미문前代未問이다. 전에는 '해보지 않은 질문'이다. 전대미문前代未問일 때 전대미문前代未聞일 수 있다. 같은 질문을 되풀이해서 남과 다른 작품을 기대할 순 없다.

미래에 인공지능이 인간의 반열에 오르는 날이 온다면 그 증거의 하나는 '질문하는 능력'일 것이다. 무엇이든 물으면 척척 답하고 어려운 퀴즈도 빨리 푸는 인공지능이 머지않아 인간에게 '질문'을 한다고 생각해보라. 섬뜩하지 않은가?

프랑스 철학자 몽테뉴(Michel de Montaigne, 1533~1592)는 평생 단 하나의 질문을 가슴에 품고 살았다.

"나는 어떻게 살고 있는가?"

이 질문이 시대를 불문하는 고전 『수상록』을 낳게 했다.

읽을 것인가? 읽힐 것인가?

볼 것인가? 보일 것인가?

쓸 것인가? 쓰일 것인가?

인생을 능동적으로 살 것인지 수동적으로 살 것인지 선택의 기로에서 질문은 그 향방을 가늠한다.

질문이 중요할까? 답이 중요할까?

당신은 어떤 질문을 가지고 있는가?

그동안 질문 없이 답만 찾았던 것은 아닌가?

교실에서 선생님이 열심히 설명하고 나서 "질문 있는 사람?" 하고 물을 때, 아무도 질문하지 않으면 학생은 선생님에게 질문을 받게 된다. 인생도 마찬가지. 삶에 대해 질문하지 않으면 때로는 삶이 우리를 가혹한 질문대에 올려놓는다.

"원하는 삶을 살지 못한 이유는 무엇인가?"

"실패한 이유는 무엇인가?"

질문 받지 않으려면 질문해야 한다.

인류역사의 패러다임 시프트Paradigm shift와 더불어 인문학의 출발은 질문에서 비롯되었다. 신 중심에서 인간 중심으로 지배 관점이 바뀐 데는 "나는 무엇인가?" "인간은 왜 존재하는가?"와 같은 근본적 질문이 영향을 미쳤다.

아직 당신이 추구하는 답을 찾지 못했다면, 잠시 중단하고 질문이 잘못되지는 않았는지 생각해보라.

이 책은 질문에 관한 통찰을 담은 책이다. 질문은 평소 저자가 책을 집필하는 원동력이기도 하다. 질문에 대한 실마리를 파헤치는 작업 끝의 발견은 무엇과도 바꿀 수 없는 쾌감이다.

삶엔 진리가 아닌 해석만 존재한다

- 니체

어차피 정답이 없는 세상, 남이 알려준 '모범답안'이 내겐 '오답'일 수 있다. 답을 강요하는 사람보단 질문을 떠올리게 하는 사람, 저마다 자기가 답이라고 외치는 혼동 속에서 혼자서 의문을 제기하며 의미를 반추하는 사람을 만날 때, 가던 걸음 멈추고 귀 기울일 용의가 필요하다.

참고로 생생함을 더하기 위해 일부 스토리에는 저자의 상상력을 가미했다. 사실과 기록만으로는 독자의 자유로운 영혼에 파동을 일으키기엔 한계가 있음을 매번 느끼면서 특히, 주인공이 질문했을 법한 대목에는 'Fact'에 'Fiction'을 접목한 'Faction'도 있음을 미리 인지해 주길 바란다. 사실과는 다를 수 있지만 주인공이 놓인 환경과 여건상 개연성은 충분하다고 생각한다. 기억나지 않겠지만, 질문은 이미 당신이 타고난 재능이다. 다만, 커가면서 잃어버렸을 뿐.

이 책을 통해 '질문본능'을 되찾길 바란다.

차례

프롤로그

질문의 리더

질문의 힘

제4장 창의적 생각 도구

9

질문의 기술

제7장 질문의 질문

질문의 창조성

제11장 위대한 발명의 도화선

제12장 세상을 뒤바꾸어 놓은 비즈니스의 출발점

제13장 창創, 변變의 근원

질문의 리더

1장
잃어버린 질문

어린 시절 학교에서 돌아오면 보통 엄마들은
"오늘 뭐 배웠니?" 라고 물었을 테지만,
1944년 노벨 리학상을 수상한
이지도어 아이작 라비(Isidor Isaac Rabi, 1898~1988)의 어머니는
질문이 달랐다.

"오늘은 어떤 질문을 했니?"

성인이 되면 어릴 적 누구나 가졌던 질문을 잃어간다.
어떻게 하면 이 재능을 다시
'복원' 할 수 있을까?

질문보다 답이 많은 세상

구글 서버에는 검색창에 언제든 나올 질문에 대비하여 지금 이 순간에도 상상을 초월할 방대한 자식과 정보들이 24시간 동안 1초도 쉼 없이 저장되고 있다. 모든 길이 로마로 통하는 시대가 있었듯이 현대의 모든 정보는 구글을 경유한다.

현대는 '준비된 답'이 기하급수적으로 증가하는 시대다. 알라딘의 요술램프에 갇혀 세상 밖으로 빠져 나오길 고대하는 요정 지니처럼 하드디스크에 갇혀 있는 헤아릴 수 없을 만큼 방대한 데이터들이 검색결과로 화면에 존재가 드러낼 순간을 기다리고 있다. 당신을 포함한 세상의 모든 구글러들이 그 일을 대신할 것이다.

질문하지 않으면 세상에서 가장 방대한 데이터베이스 Database를 가진 구글이라도 답을 주지 않는다. 구글을 지탱하는 건 천문학적인 광고료를 지불하는 광고주가 아니다. 당신처럼 구글에 질문하는 사람이다. 구글에 질의로 올라오는 질문이 많을까? 검색되는 답이 많을까? 당연히 답이 많다. 구글 검색화면에 '사랑'이라는 단어를 치면 3억 4천 7백만 개의 답이 0.55초 만에 나온다. 우리는 과연 이 중에서 몇 개나 열어 볼까? 한 번도 클릭되지 않은 잠재 후보 리스트들이 절대다수를 차지한다.

가치를 따질 때 기준으로 삼는 것 중 하나가 '희소성'이다. 금, 다이아몬드, 연예인, 희귀 금속, 독창적 아이디어는 한결같이 희소성이 있다. 이 희소성의 관점에서 보면 구글이 가지고 있는 방대한 '답들'은 가치가 그리 크지 않다.

이들의 가치를 높이는 것은 무엇일까? 질문이다. 비슷비슷한 답들을 구분해서 선택될 하나의 답을 골라내는 선별이 곧 질문이다. 구글은 '스마트한 답'을 제시하기 위해서 알고리즘을 정교하게 짜는데, 이것은 작은 차이도 놓치지 않는 질문들로 가득 메워져 있다.

질문을 잘 하는 자가 세상을 얻을 수 있다. 심플함을 생명으로 여기는 구글도 학술 검색화면 검색창 하단에 유일하게 있는 문구가 'Stand on the shoulders of giants'이다.

아이작 뉴턴이 한 말로 '거인의 어깨에 올라타 더 넓은 세상을 보라.'는 의미다.

거인의 어깨가 구글의 데이터베이스라면 더 넓은 세상을 보는 것은 검색이다. 검색은 곧 질의다. '?'를 넣지 않아도 구글은 친절하게도 알아서 답을 해 준다. 한글을 입력해야 하는데 영문으로 자판을 잘못 쳐도 '질문 의도'를 알아차리고 당신이 질문하려고 하는 문장이 'OOOOOO인가요?' 하고 단어를 다 입력하기도 전에 완성된 단어나 문장을 미리 알려 준다. 구글은 '답을 찾는 것'에서 '질문을 찾는 것'으로 진화하고 있다. 미래 검색엔진의 승자는 답을 찾는 자가 아니다.

질문을 잘 찾는 자이다.

질문하지 않는 사람들

"많은 사람들이 부를 다루는 데 미숙한 나머지 많은 돈을 벌어도
모이지 않거나 사라져 결국에는 망하는 일을 심심찮게 본다. '어
떻게 부자가 될 수 있는가?'에 대한 물음은 있으나 '얼만큼 부자가
될 수 있는가?'에 대한 질문에는 관심을 갖지 않는 탓이다."

- 김승호 『알면서도 알지 못하는 것들』

얻는 것과 얻은 것을 지키는 것은 다른 능력이라는 점을
피력한 글이다. 바쁘게 사는 것이 중요할까? 쉴 틈 없이 열
심히 사는 것이 최선일까? 무언가에 빠지기 시작하면, 사소
할 수 있지만 중요한 다른 걸 생각할 겨를이 없게 된다. 이때
가 조심할 때. 무언가에 빠지면 질문도 빠지기 쉽다. 질문 없
는 삶은 방향타가 풀어진 비행기와 같다. 바쁘게 잘못된 방
향으로 살지 않기 위해서는 질문에 시간을 쏟아야 한다.

"내게 나무를 베도록 8시간이 주어진다면 도끼를 가는 데
6시간을 쓰겠습니다."

미국 16대 대통령 링컨의 명언이다. 도끼를 가는 동안은
나무를 못 베기 때문에 남보다 뒤쳐지는 것이 당장 눈에 보

인다. 하지만 후반부에서 역전이 벌어진다. 날이 선 도끼가 녹슨 도끼를 이긴다.

"곧 죽는 상황에서 내게 목숨을 구할 단 1시간이 주어진 다면 55분을 올바른 질문을 찾는 데에 쓸 것입니다."

천재 과학자 아인슈타인도 질문의 중요성을 잘 알았다.

"사진기자들은 역시 대단해. 저렇게 사람 많은 공항에서 연예인을 기가 막히게 알아보다니!"

그동안 유명 연예인의 공항패션은 순전히 눈썰미 좋은 기자들의 족집게 같은 포착능력인 줄만 알았다. 그러다가 한 연예인의 '협찬 먹튀' 논란이 일면서 협찬사와 연예인, 연예기획사, 스타일리스트 사이에 교묘히 기획된 사전 합작품이라는 것이 드러났다. 짜고 치는 고스톱인 셈.

유명인의 공항패션이 일단 한번 뉴스에 노출되면 해당 브랜드의 선글라스부터 시계, 팔찌, 모자, 가방 등 소품들이 총알처럼 알려지고 회자된다. 이런 식의 광고 아닌 광고를 소비자들은 정보로 판단하고, 거부감이 반감되어 많은 구매로 이어진다. 꼭꼭 숨은 연예인들을 레이더처럼 잘 포착하는 기자들을 당연하다고 생각할 수 있겠지만, '?'를 사이에 두고 현상을 바라본다면 어땠을까?

"어떻게 사진기자들은 일반인의 눈에는 잘 들어오지 않는 정보를 족집게처럼 잘도 포착할까?"

평소 이런 의문을 가지고 공항패션 뉴스를 의심했다면, 적어도 속진 않았을 것이다. 물론 이런 업계 관행을 진작부터 알고 있는 독자들도 있겠지만, 필자와 같은 순진한(?) 사람들이 있기에 그동안 공항패션 기사가 마케팅 수단으로 이용되었을 것이다.

질문하는 것과 질문을 하지 않는 것은 시작부터 큰 차이를 낳는다. 고정관념을 깨는 시초가 질문이다. 질문은 잘못 알았던 것의 진실을 알게 해 주는 관문이다. 질문은 남들과 다른 시선, 남들과 다른 사고, 남들과 비교할 수 없는 차이를 만든다.

의도를 관통하는 질문

어떤 일을 요청받을 때 의뢰받은 '솔루션'이 근본 해결책이 아닐 수 있다.

가령 목이 5cm인 긴 양말을 제작해달라는 의뢰가 있다고 하자. 의뢰인의 요청을 '존중'한다고 아무런 질문 없이 그대로 제작하면 물론 '아무런' 큰일은 벌어지지 않는다. 그런데 목이 5cm인 양말을 만들려는 이유가 무엇인지 의뢰인에게 물어본다면? 그 이유가 양말 뒤꿈치가 자꾸 벗겨지기 때문이라면? 의뢰인은 이미 문제의 '답'을 가지고 있고 그 답을 토대로 양말 제작을 의뢰했을 것이다. 그렇다면 이런 질문이 나올 수 있다.

"길이를 늘이는 것만이 최선의 방법일까?"
"발뒤꿈치가 닿는 부위가 잘 내려오지 않을 다른 방법은 없을까?"

이런 식으로 문제를 새롭게 바라보는 질문을 던질 수 있다. 양말 목이 잘 내려오는 이유가 탄성이 낮아서라면 탄성이 높은 재료를 쓰거나, 탄성을 높이는 성분을 첨가할 수도 있을 것이다. 목이 짧은 걸 선호하는 추세라면 목이 내려간다고 해서 무조건 목을 길게 늘이는 것보다는 늘어난 목 부위를 투명한 재질로 만들어 미관을 해치지 않게 고안할 수도 있다.

질문은 상대가 제시한 솔루션이 완벽하다고 생각하는 오류를 방지한다. 또, 집단지성을 이용해 생각지 못한 지혜를 얻을 수 있다. 질문하지 않으면 잠재된 좋은 해결방안은 무용지물이다. 직장에서 보고서를 쓸 때도 이런 원리는 통용된다. 여러 번 고생해서 작업하지 않으려면 상사의 의도를 파악해야 한다. 의뢰받은 대로 했는데, 만족을 얻지 못한다면 상사의 숨겨진 의도가 드러나지 않았기 때문이다. 상사는 친절하게 그 의도를 알려주지 않는다. 결국 의도를 알아내는 질문만이 작업을 수월하게 한다.

영화를 보면, 의뢰인에게 의도를 묻는 킬러는 없다. 킬러는 단지 의뢰인의 의뢰를 '생각 없이' 처리할 뿐이고, 의뢰인이 의도를 밝히는 것을 꺼리는 걸 안다.

킬러가 아닌 이상 누군가로부터 어떤 일을 의뢰 받으면 번거롭더라도 의도를 묻는 질문이 필요하다. 질문은 수동적인 일을 능동적인 일로 바꾼다.

질문을 뺏는 것들

2010년 11월, G20 정상회의 폐막식이 서울에서 열렸다. 연단에 선 오바마 미국대통령은 개최국인 한국에 감사하며 한국 기자들에게 우선 질문할 권한을 주었다. 보수정권의 '받아쓰는 문화'에 길들여진 탓일까? 세계 각국의 인파로 가득 덮인 대강당은 정적만이 가득했을 뿐 아무도 선뜻 질문에 나서지 않았다. 오바마 대통령이 재차 질문해달라고 요청하자 침묵을 깨고 손을 든 기자가 있었다. 하지만 그는 중국 기자였다.

유치원 교실에서 선생님이 질문하면 아이들이 요란스럽게 손을 치켜드는 모습을 쉽게 볼 수 있다. 이보단 덜하지만 초등학교 교실에서도 질문은 어렵지 않게 나온다. 그런데 학력이 높아질수록 점점 손을 드는 횟수는 줄어든다. 그만큼 아는 게 많아져서 일까?

우리는 커가면서 키가 자라고 살이 붙듯이 지식과 지혜도 늘어난다. 반대로 거꾸로 잃어 가는 것도 있다. 질문이다. 왜 그럴까?

질문에 대한 잘못된 의식이 문제다. '질문=민폐', '질문하는 사람=이상한 사람, 방해꾼 또는 잘난 체 하는 사람', '질문자=모르는 바보' 라는 등식이 문화적으로 형성되어 있다. 질문에 대한 부정적 인식이 긍정적 인식보다 강한 것. 이런 토대에서 질문하는 문화가 융성할 리가 없다.

한국은 노벨 평화상을 제외하곤 물리, 화학, 의학, 문학, 경제 등 각 분야에서 단 하나의 노벨상도 수상하지 못했다. 가장 큰 원인은 무엇일까? 어휘와 표현의 다양성 면에서 세계 최고 수준을 자부하는 한국 문학 분야는 다른 나라말로 번역되지 않는 한계성 때문이라고 하더라도, 나머지 분야는 왜 노벨상이 나오지 않는 걸까?

노벨상은 기존과 다른 각도, 다른 방식으로 새로운 주장을 설득력 있게 논증하여 주장한 사람에게 주는 상이 아닌가?

논문에 빠짐없이 등장하는 것이 가설이다. 가설은 말 그대로 임시 주장일 뿐, 아무도 믿을 수 없는, 아직은 신뢰받지 못하는 주장이다. 흥미로운 점은 가설이 터무니없이 엉뚱할수록 반향도 크다는 점이다. 그럴듯한, 있을 법한, 충분히 가능성 있는 '가설'은 설사 증명되었다고 해도 앞서 전제된 가정 자체의 한계 때문에 'Wow!'가 없다. 예측가능하기 때문이다. 반면, 전혀 예측하지 못한, 상상도 하지 못한, 아무도 믿지 않는 가설이 옳다고 증명되었을 경우라면 세상의 판도를 뒤엎는 희대의 '사건'이 된다. 이런 '사건'들이 노벨상 후보로 지목된다.

'훌륭한' 가설은 어떻게 나오는가? 엉뚱한 질문에서 나온다. 상식과 지식이라는 '답'이 창의적 질문을 방해한다. 답을 많이 안다고 생각할수록 질문은 줄어든다. 그렇다면 질문을 잘 하려면 어떻게 해야 할까? 아니면, 질문을 뺏는 것은 무엇일까?

질문하는 능력은 타고 나는 걸까? 그렇다. 타고 난다. 다만 자라면서 잃어갈 뿐이다. 아이 때는 누구나 질문박사가 된다. 어른 세계에선 너무도 당연한 일을 아이는 천연덕스럽게 묻는다. 아이 세상에선 모든 게 낯선 호기심 천국이다. 잃어버렸던 호기심으로 기존의 정설에 반문하고, 확고히 굳은 통념에 의문을 제기하는 '발칙한 Questioner'로 거듭나려면 아이 시절로 '회귀'해야 한다.

아이들의 특징은 다음과 같다.

1. 아는 게 없다.
2. 본능에 충실하다.

첫 번째, '아는 게 없다'는 사실은 학습 노력을 일으킨다. 부족하면 채우려는 본능이다. 문제는 안다고 생각하는 순간 질문이 생길 여지를 없앤다는 점. '의도'가 필요하다. 아는 것을 모른다고 생각하는 '의도'이다. 이게 어렵다. '의도'는 인위적이다. 자연스럽지 않다. 질문하는 능력은 누구나 선천적으로 타고나지만, 성인이 되면서 잃어버린 이 능력을 다시 찾으려면 의도적인 노력이 필요하다.

아는 것을 모른다고 생각하는 것 못지않게 아는 것을 뒤집는 생각도 필요하다. 'Reverse Thinking(반대 사고)'이다. 심리학자 앨버트 로젠버그Albert Rosenberg는 창의성 실험을 하였는데, 창의성이 뛰어난 그룹과 그렇지 않은 그룹을 나눠서 어떤 단어를 알려주었을 때 창의적인 그룹이 반대어를 떠올리는 비율이 25퍼센트 더 높게 나타난 사실을 확인했다. 창의적인 사람은 반대로 생각하기에 능하다. 반대말을 떠올린다는 것은 사고의 180도 전환을 의미하고 그만큼 남보다 세상을 폭넓게 본다.

두 번째, '본능에 충실하다'는 건 직관력과 관련이 있다.
아이들은 배고프면 눈치 보지 않고 울거나, 좀 더 크면 밥을 달라고 직접 요구한다. 성인이 되면 배고파도 상황이 여의치 않으면 참을 줄 안다. 본능에 역행하는 행위지만 살아가는 데 큰 지장은 없다. 오히려 본능을 숨길 줄 알아야 사회적 관계를 유지하는 데 도움이 된다.

본능은 직감과 관련 있다. 아이들은 직감적으로 상대가 자기를 좋아하는지 싫어하는지 안다. 성인이 되면 어떨까? 상대가 아무리 무언의 신호를 보내도 눈치 채지 못하고 자기 긍정의 오류에 빠져 계속 '대시dash'를 하다가 나중에 절망에 빠지는 남녀가 있지 않은가. 초등학교 1학년 딸아이와 가끔 게임을 하는데, 게임도사 아이 엄마와 8권의 책을 집필한 저자도 딸아이를 이길 수 없는 게임이 있다.

'유령대소동', '명탐정 캐치', '도블Dobble'이라는 게임인데 이들의 공통점은 이미지 카드로 구성돼 있다는 점이다. '유령대소동'은 꼬마 유령, 의자, 쥐, 책, 병과 같은 그림이 임의로 조합된 2개 이상이 그림이 카드에 그려져 있는데, 실물 아이템과 비교해서 카드엔 없거나 같은 모양 같은 색깔의 아이템을 가장 먼저 찾는 사람이 이기는 게임이다. '명탐정 캐치'도 이와 비슷하다. 5개의 같은 모양의 그림이 색색으로 그려져 있는데, 4개는 뭔가 결여되어 있고, 완벽한 형체를 가지고 있는 그림을 찾는 사람이 승자다. '도블Dobble'은 동그란 카드에 8개의 서로 다른 그림(곤충, 새, 돌고래, 사과, 공룡 등) 중 내가 가진 카드와 같은 그림을 찾는 게임이다.

세 가지 게임의 공통점은 무얼까? 이미지에서 같은 점 또는 다른 점을 골라내는 것이다.

성인은 논리적으로 이미지를 비교 판단하는 반면, 아이는 논리를 초월하며 전체를 직관적으로 **빠르게** 파악한다. 아이는 문자를 해독하는 능력보다 이미지를 더 잘 파악한다. 이미지를 파악하는 능력은 생존본능과 관련이 있다. 인간은 대부분 시력으로 사물의 특징을 파악한다. 이미지를 보고 적인지 아군인지 순간적으로 판단하며 진화해왔다. 만져보고 말을 건네 판단을 내리는 건 그 후의 일이다. 짧은 몇 초가 생사를 가르는 과거 원시 환경에선 보이는 게 다가 아니지만 보이는 걸로 전부를 판단할 수밖에 없었다.

빼앗긴 질문능력은 이 2가지를 회복함으로써 다시 채울 수 있다.

첫째, 아는 것에 의존하지 않을 것. 알아도 모른다고 가정하고, 아는 걸 반대 상황을 가정하며 질문하는 것이다.

둘째, 직관을 믿을 것. 직관은 잘 설명되기 힘들고, 근거를 찾기 힘들며, 기존의 통념과 상식에 자리를 잡기 힘든 속성이 있다. 합리적인 지식 체계, 안정된 질서와 관습에 반하는 어렴풋하게 떠오르는 직관을 놓치지 말고 잡아둘 것. 질문을 억누르는 현재의 체계에 지배당하지 말 것이다.

세계적인 격주간 경제전문지 「포춘」이 선정한 '비즈니스의 대가'인 이스라엘 물리학자인 엘리 골드렛Eliyahu M. Goldratt은 답을 강요하는 현실을 다음과 같이 통찰력 있게 꼬집었다.

"배움을 막는 최대 장애물은 정답을 가르치는 것이다. 그것은 스스로 정답을 찾을 수 있는 기회를 영구적으로 빼앗는 일이기 때문이다."

답을 뺏기는 것과 질문지를 뺏기는 것 중 어느 게 더 치명적일까?

한 시간 동안 빽빽하게 적어낸 답안지를 잃어버린다면 가슴이 무너질 것이다. 반면에 한 시간 동안 빽빽이 적어낼 답안을 준비한 사람에게 질문지가 주어지지 않는다면 가슴이 무너지진 않겠지만 아무 일도 일어나지 않는다.

공든 탑이라는 '답'은 언제든 한순간에 무너질 수 있다. 힘겹게 얻은 답을 잃었을 때, 다시 일으켜 세우는 근원이 질문이다. 질문이 없다면? 아무것도 할 수 없다. 답을 모르거나 답을 잃은 것보다 더 치명적인 것은 질문 없는 삶이다.

스탠리 밀그램의 권위와 복종 실험

2차 세계대전에서 독일이 패배하자 아돌프 히틀러, 하인리히 힘러, 요제프 괴벨스는 자살로 생을 마감했지만 홀로

코스트를 만드는 데 일조한 나치 친위대 중령 아돌프 아이히만(Otto Adolf Eichmann, 1906~1962)은 신분을 감추고 탈출, 15년 간 유랑생활을 하다가 1960년 이스라엘 정보 요원에게 붙잡혀 재판을 받았다. 그는 책임을 묻는 재판관의 말에 "나는 명령에 따랐을 뿐입니다." 라며 잘못을 극구 부인했다. 이는 5.18 광주 민중 항쟁의 발포명령자는 없는데 '명령에 따른 사람'은 존재하는 것과 별반 다르지 않다.

예일 대학교 심리학자 스탠리 밀그램(Stanley Milgram, 1933~1984)은 이 문제를 실험으로 알아보기로 했다. 주제는 '권위와 복종이 어떻게 이뤄지는지' 분석해보기 위한 것으로 특히, 지배를 받는 자의 심리상태에 초점을 맞췄다.

1961년 이스라엘 예루살렘에서 열린 아이히만 재판이 있은 후 밀그램은 160명의 지원자를 모집했다. 실험 장치로 30개 스위치와 4단계 전기충격장치를 다음과 같이 구성했다.

1단계 : 15~75볼트
2단계 : 75~120볼트
3단계 : 135~180볼트
4단계 : 180 이상~450볼트

지원자는 제비뽑기를 해서 선생과 학생 중 한 역할을 수

행했는데, 실은 학생 역할은 사전에 계획된 과학자이고 제비 뽑기 종이에는 모두 선생 역할이 적혀 있었다. 단계별로 40명씩 실험에 참가하였는데, 선생이 문제를 내 학생이 맞히지 못하면 선생이 스위치를 눌러 전기 충격을 가하도록 했다.

A 그룹은 학생과 선생이 함께 한 자리에 있으면서 선생이 직접 학생의 손을 충격 장치에 연결하도록 했다.

B 그룹은 학생과 선생이 같은 방에 있지만 독립적으로 떨어져 있도록 했다.

C 그룹은 학생과 선생이 서로 다른 방을 쓰고, 선생은 학생을 볼 수 없지만 벽을 통해 신음이나 비명을 들을 수 있다.

D 그룹은 학생과 선생이 서로 다른 방을 쓰고, 선생은 학생 목소리는 들을 수 없으며 벽을 치는 소리와 진동만 감지할 수 있다.

모든 방에는 선생이 전기충격 스위치를 누르도록 지시하는 '권위자'인 과학자를 배석시켰다.

실험결과는 놀라웠다. 전체 65퍼센트가 생명을 잃을 수 있는 극단의 선택 4단계인 450볼트까지 스위치를 눌렀던 것. 일부 실험 참가자들은 더 이상 실험을 진행할 수 없다고 난색을 표했지만 실험을 관장하는 권위자가 강행할 것을 지시하자 그 결과, 참가자 대다수는 실험방식이 윤리적으로 옳지 않음을 명확히 판단할 수 있었음에도 권위에 복종하고 말았다.

왜 그랬을까? 권위에 복종하는 것이 자책감보다 면책받을 것이라는 믿음이 더 크게 작용했기 때문이다.

"나는 명령에 따랐을 뿐이다."

이 한마디 생각으로 사람 목숨을 쉽게 좌우할 수 있다는 것이 실험을 통해 증명되었다. 하지만 밀그램은 비윤리적이라는 사회적 비난을 받고 교수직에서 해임되었다.

주목할 만한 것은 자신의 신념과 상식에 반할 때 아무리 과학자라도 권위를 인정하지 않고 반문을 제기한 소수의 사람이 있었는데, 이들은 실험을 계속하길 거부했다는 점이다.

인간은 강요된 권위에 쉽게 무너진다. 옳지 않다고 생각하는 것도 권위에 흔들린다. 이 실험은 반면교사의 교훈을 준다.

내가 지금 하는 행위는 옳다고 생각해서일까? 권위에 굴복 당해서일까?

2장
인류 진화의 길

사람은 유인원類人猿에 속한다.

침팬지, 고릴라, 오랑우탄, 긴팔원숭이도 사람과 함께 당당히 '유인원類人猿'이다.

그렇다고 사람과 이들이 동일한 건 아니다.

이들은 생물학적 학명 '호모 사피엔스Homo sapiens'라는 사람 속屬에 속하는

유일한 종種인 사람과 구분된다.

이들도 최초의 부모를 추적해보면 사람과 같은 부모일 것이다.

그러다 어느 시점, 현생인류 호모 사피엔스가 분리되어 나왔다.

이름에서도 예측할 수 있듯 '생각'이 분리의 구분자이다. 그렇다면 생각은 어떤 구조를 따를까?

지구상 모든 생물 중 가장 지배적인 입지에 오른

인류가 진화해온 근본 동인은 무엇일까?

질문 효용

질문과 평문의 차이는 무얼까?

평문은 상대의 답변을 반드시 필요로 하지 않는 반면, 질문은 상대의 깊은 생각까지 끄집어내는 힘이 있다. 명령은 타의적 참여를 이끌고 질문은 자발적 참여를 이끈다.

회사에서 신사업 기획을 발표하는 자리가 마련되었다. 아래 A, B 중 누구의 말이 더 설득력 있게 들릴까?

A : 정수기를 한 대 구매하려면 큰돈이 듭니다. 그것보다는 매일 500ml 물 값 정도만 내고 정수된 물을 마실 수 있는 렌탈 서비스로 전환하면 고객을 모을 수 있습니다.

B : 언제 구매할지 모를 고가의 정수기를 기대하는 게 나을까요? 아니면 매일 500ml 물 한 병 값을 내면서 정수된 물을 마시도록 하는 게 나을까요?

질문은 상대의 참여를 이끌어내 설득력을 높인다. 화자의 일방성을 누그러뜨려 마치 자신이 선택한 것 같은 착각을 불러일으킨다.

질문은 내가 아는 것과 내가 알지 못하는 것을 구분해 주는 '메타 인지능력(Meta Cognition Ability)'을 길러준다. 많은 대화 속에 특정 질문은 기억에 남지만 나머지 대화는 기억에서 사라진다. 해결하지 못하거나 답을 하지 못한 질문일수록 기억에 '맴돈다.' 여기에 질문의 놀라운 원리가 있다. 베를린 대학교 실험심리학자 블루마 자이가르닉Bluma Zeigarnik의 스승인 실험심리학자 쿠르트 레빈(Kurt Lewin, 1890~1947)은 실험학습의 대가로, 웨이터가 레스토랑에서 손님이 계산한 주문은 쉽게 잊었지만 계산하지 않은 주문은 잘 기억하는 현상을 흥미롭게 여겼다. 제자 자이가르닉도 이 현상을 관심 있게 생각하고는 오스트리아 빈의 한 카페에 가서 직접 관찰했다.

'어떻게 저 많은 손님들의 주문을 잊어버리지도 않고 잘 외울까?'

자이가르닉은 감탄하며 금방 계산을 마친 손님의 주문을 받은 웨이터에게 주문한 음식이 무엇이냐고 묻자, 웨이터는 기억해내지 못하는 것이 아닌가.

자이가르닉은 이에 확신을 갖고 자신의 가설이 맞는지 실험에 돌입했다. 완성된 과제와 미완의 과제 중 어떤 것을 더 잘 기억하는지가 연구과제였다. 그녀의 가설은 완성된 과제보다 미완의 과제를 사람들이 더 잘 기억할 것이라는 것. 164명의 참가자를 2개의 그룹으로 나누고 작문, 구슬 꿰기,

찰흙으로 모형 만들기, 종이상자 만들기 등 22개의 과제를 주었다. B 그룹은 과제 수행 도중 그만두게 하거나 다음 과제로 넘어가게 하면서 일의 완성을 '방해'했고 A 그룹은 아무런 방해 없이 끝까지 일을 완수하게 했다.

실험결과는 예상했던 대로 미완성 과제는 참가자의 68퍼센트가 기억하는 반면, 완성한 과제는 43퍼센트만이 기억했다. '자이가르닉 효과'라고 불리는 이 현상은 시험을 보고 나왔을 때, 풀었던 문제는 기억하지 못하는 반면, 끝끝내 풀지 못한 문제는 잘 기억한다는 것을 경험으로도 알 수 있다. 인간은 완성되지 못한 것을 맺으려는 본능이 있음이 증명된 것이다.

답이 나오기 힘든 질문은 구성원들이 하나의 논점에 집중하게 한다. 리더의 지시가 구체적일수록 할 일이 명확해져 일의 완성도를 높일 수는 있지만, 조직의 장기적인 발전을 도모하는 '숙제'는 도외시되기 쉽다. 운이 좋아서 통찰력이 뛰어난 리더를 만나 그의 지시대로만 따르는 것으로 좋은 결과를 얻을 수도 있지만, 세상에 완벽한 리더는 없는 법. 리더가 문제를 혼자 고민하고 혼자 해결하려 한다면 조직의 미래는 암울할 수밖에 없다. 리더의 능력은 고민거리를 나눠주고 자신도 해결하지 못하는 난제를 공유할 때 발휘된다.

리더는 문제를 해결하는 사람이 아니다. 문제를 던지는

사람이다. 구성원일 때 습성을 버리지 못한다면 리더의 길은
요원하다.

인류 진화의 원동력

2017년 「사이언스Science」지에 스웨덴과 남아프리카공
화국의 대학 공동연구팀이 연구한 결과 현생인류인 호모 사
피엔스Homo sapiens의 기원은 35만 년 전으로 추정된다고 밝
혀졌다. 종전의 기록보다 5만 년이 늘어난 것.

앞으로 이 기록을 앞당길 만한 연구결과가 또 나오지 않
으리란 보장은 없다. 기록을 갱신할 연구결과가 또 나온들
현생인류가 '생각'하기 시작한 시점이 조금 앞당겨진 것일
뿐 큰 의미는 없다. 시간을 절대적 길이 관점으로 의미를 부
여하는 건 난센스다. 최근 1년이 수십만 년 전의 1년과 동질
일 순 없다. 최근 2년간 생성된 데이터가 지금껏 인류가 생
성한 데이터 전체의 80퍼센트 이상을 점유하는 세상이다.
기록은 언제든 새로운 기록으로 대체될 수 있다. 중요한 건
인류가 '생각'하기 시작한 현생인류 호모 사피엔스는 지금도
진화가 진행 중이란 것이다. 의아하게도 호모 사피엔스보다
앞선 네안데르탈인은 현생인류보다 체구가 컸다. 두뇌도 더
컸다. 이상하지 않은가? 현생인류보다 두뇌가 더 크다니? 인

류가 퇴화했다는 걸까?

두뇌가 신체에서 차지하는 비율인 '대뇌 비율 지수(EQ)'를 보면 다행히도(?) 역사는 진보한다는 걸 알 수 있다. 짐 배것 (Jim Baggott, 1957~)의 『기원의 탐구』에 의하면 EQ는 호모 하이델베르겐시스가 3.4~3.8, 네안데르탈인이 4.3~4.8, 호모 사피엔스가 5.3~5.4이다. 흥미롭게도 두뇌가 더 큰 네안데르탈인의 전두엽이 호모 사피엔스보다 작았다. 절대 용량은 더 큰데 상대적으로 전두엽이 발달하지 않은 것.

왜 전두엽이 중요할까? '생각'과 '기억'의 분수령이 전두엽에 있기 때문이다. 그렇다면 '생각'하는 능력의 원동력은 무얼까? 원동력! 이끄는 힘이다. 누군가 또는 무언가가 이끌지 않으면 일정 궤도에 다다를 수 없다. 지구가 궤도에서 이탈하지 않고 공전하는 것은 태양이 이끄는 힘이 있기 때문이다. 살다 보면 혼자 힘으로 뭔가를 이루기란 불가능하단 걸 알게 된다. 혼자 이뤘다고 해도 그 기저엔 이끄는 동력이 반드시 있다. 누군가 나를 알아봐 주었기에, 누군가 나를 이끌었기에, 누군가 나에게 기회를 주었기에 성공도 존재한다. 성공은 운칠기삼運七技三이다.

같은 맥락으로 '생각'을 이끄는 원동력은 무얼까? 호기심, 관심, 지적 탐구본능, 환경 변화, 욕구 등 다양한 답이 가능한데 하나만 꼽으라면 '의심'이다.

전진의 원리

'의심'의 의미를 알기 전에 '전진'의 원리를 알 필요가 있다.

빛과 전파, 수면의 파동은 어느 일정한 방향으로 나아간다. 이때 빛은 직진하는 것처럼 보이지만 그 내면을 확대해서 들여다보면 작은 입자들이 상하 진동을 반복한다. 사람이 앞으로 뛰면서 나아갈 때의 모습을 머릿속에 그려보자. 땅을 향해(지면과 수직방향) 발을 내딛고 반작용으로 하늘을 향해 발을 듦과 동시에 앞으로 힘을 가하면서(지면과 수평방향) '질주'를 한다. 자동차 엔진 피스톤의 상하 왕복운동이 직선운동으로 바뀌는 과정과 같다.

벌이나 새가 나는 이치도 마찬가지다. 새는 날개를 '위아래'로 펄럭이며 '전진'한다. 상승과 하락의 극단이 만나 전진을 일으킨다.

이념간의 충돌, 번영과 쇠락, 긍정과 부정, 확신과 혼란 등 극단의 상호작용이 사회 발전의 원리이다. 주식 차트는 일 단위로 보면 양봉(또는 음봉)으로 표시되지만 초, 분, 시간 단위로 보면 수도 없이 등락을 반복한다.

상극은 창조의 원리이다. 한 가지 방향만 가지고는 생존하지 못한다. 빛만 하루 종일 쬐는 식물은 말라 죽는다. 어둠의 시간은 에너지를 응축시킨다. 한 방향으로 나아가려면 모두 처음부터 같은 생각을 가져야 한다고 생각하지만 정반대다. 반대 의사가 자유롭게 표출되지 못하는 문화는 창조의 원리를 거스르는 것으로 성장을 가로막는 폐악이다. 빛의 직진과 새가 나는 원리에 창조의 비밀이 있다.

의심

아무 의심 없이 쉽게 내린 결정이라면 의문을 제기할 필요가 있다. 남들도 쉽게 뛰어들 것이기 때문이다. 머리를 감을 때 샴푸를 500원 동전 크기만큼 쓰라는 말이 있어 무심코 썼다. 그런데 쓰다 보니 내겐 그 양이 좀 과한 듯싶었다. 한참 지나서 여자와 남자는 머리카락 길이가 다르기 때문에 용량이 다를 수밖에 없음을 새삼 깨달았다. 사람에 따라 100원 짜리 동전 크기가 적당할 때가 있고 500원 짜리 동전 두 개 만큼 필요할 때도 있다. 무언가를 생각 없이 받아들이며 습관화하는 것이 얼마나 어리석은지 깨닫는 계기가 되었다.

기독교에서 'doubt'는 다음과 같이 규정된다.

의심(疑心, doubt)이란 "마음이 둘로 나뉘어져 서로 판단하는 상태(롬4:20), 즉 마음이 확고하지 않고 흔들리는 상태"를 가리킨다

(행10:17). '의혹'(疑惑, 민5:14)이라고도 한다. 성경에서는 진리 위에 확고히 서지 못한, 신앙이 연약한 상태를 일컫는 말로 자주 쓰인다(눅24:38; 유1:22).

- 교회용어사전: 교회 일상, 2013, 생명의 말씀사

원불교에서 바라보는 '의심'은 이와 다르다.

의심疑心이란 "믿지 못하여 이상하게 여기는 생각이나 마음. 보다 확실한 해답을 얻기 위해 깊이 탐구하는 마음을 갖게 되는 상태를 가리키는 말로 큰 의심이 있어야 큰 깨달음을 얻는다고 한다. 따라서 일반적으로 믿지 못하는 의심과는 달리 불교나 원불교에서처럼 깨달음을 지향하는 종교에서는 의심을 중요한 의미로 사용한다."

- 원불교대사전

교회의 '의심'은 신앙심이 부족하다는 부정적 의미가 강하고, 원불교의 '의심'은 깨달음을 얻게 하는 긍정적 의미가 강하다. 같은 단어라도 바라보는 관점은 이렇게 극과 극처럼 다르다.

반신반의半信半疑 : 반만 믿는 것. 믿음과 의심이 팽팽히 공존하는 상태다.

의심암귀疑心暗鬼 : 의심하면 귀신이 든다는 의미로, 무언가

를 자꾸 의심하기 시작하면 마음이 불안해지고 일에 집중하지 못하게 된다는 의미이다.

의인물사사인물의疑人勿使使人勿疑 : 의심疑心이 가면 사람을 쓰지 말고, 일단 쓰면 의심하지 말라는 의미이다.

호의미결狐疑未決 : 의심하는 여우는 결단을 못 내린다는 뜻으로 의심이 결단을 방해한다는 비유이다.

인간 행동에는 3단계 순서가 있다.

'의심 → 질문 → 결정'

1단계 '의심'에서 2단계 질문이 나온다. 의심은 인간이 타고난 고유성이다. 피카소는 어린이의 눈으로 세상을 바라보며 그림을 표현하기까지 40년이 넘게 걸렸다고 말했다. 인간행동의 오류는 간혹 이 1, 2단계를 건너뛰는 데서 비롯된다.

실생활에서 쓰는 '의심'은 대개 부정적 의미로 쓰인다. 나보다 남과의 관계를 중요하게 생각하는 동양문화에선 '의심'을 품는 것이 상대에게 전해지는 것을 꺼린다. 하지만 '의심'은 경우에 따라서 관계를 개선시킨다. '의심'을 적절한 방식으로 쉽게 드러내면 상대는 '의심'을 해소하려고 노력하게 된다. 의심이 해소되면 신뢰관계로 발전한다.

대체로 동양문화에서는 '의심'을 드러내면 상대는 합리적으로 받아들이지 않고 감정부터 내세우기 마련이다. 이런 습관이 합리적인 '의심'을 방해한다. 일제강점기부터 내려온 주입식 교육이 '의심'하지 않고 순응하도록 만들었다. 유교문화도 영향을 주었다. 예절, 예의, 법도, 규율 등 '~해야 한다.' 또는 '~하지 말아야 한다.'라고 가르침을 받았다. '마땅히' '당연히' '반드시'와 같은 수식어가 따라 다닌다. 의심하지 않는 게 미덕인 인간형을 키워왔던 것이다.

하지만 역사의 발전은 의심이 원동력이 되어 이루어져 왔다. 당연하게 여기던 것에 의심을 품고 다른 방식으로 보는 관점, 남들이 굳건히 믿어 왔던 것에 의심을 품고 새로운 사고로 접근하는 감행이 틀을 깨고, 관습을 허물었다.

호기심

인간은 호기심이 없을 때 늙는다.

호기심이 있다고 해서 모두 질문으로 연결되는 건 아니다. 호기심만 있고 '질문화'되지 않으면 미지의 세계는 열리지 않는다.

의심과 호기심의 차이는 무얼까? 의심이 반쯤 채워진 물에 새로운 물을 담는 것이라면, 호기심은 빈 통에 새로운 물을 담는 것과 같다. 완전히 채워져 있으면 아무것도 담을 수 없듯이, 의심도 호기심도 일지 않는다.

인간이 호기심을 잃어가는 이유는 안다고 착각하기 때문이다. 아는 것은 일시적일 뿐, 유효기간이 있다. 오늘의 지식이 내일의 반지식이 될 수 있고, 과거의 반지식이 오늘의 지식이 될 수 있다.

새로운 사상의 출현

19세기 근대 영국의 대표적인 공리주의 사상가인 존 스튜어트 밀(John Stuart Mill, 1806 ~1873)은 공인된 의견일지라도 공인되지 않은 다른 의견이 진실일 수 있고, 공인된 의견이면서 그것이 진실일 경우라도 그것과 반대되는 의견과 논쟁 또는 토론이 필수로 수반되어야 한다고 생각했다. 밀은 1649년 절대군주 찰스 1세(Charles I, 1600~1649)가 단두대에 올라 공개 처형된 최초의 사건이 발생한 지 150여 년이 흐른 뒤인 1806년에 태어났다. 그 시기는 권력의 중심이 절대군주에서 시민으로 이동하는 흐름의 연장선상이었다. 다수결의 원리에 기반을 둔 민주주의의 기틀을 세운 벤담(Jeremy Bentham, 1748~1832)의 공리주의가 밀이 활동하기 바로 이전 세계에서 형성되어 왔다. 이와 같은 '자유주의' 물결에서 밀은 "과연 이것이 최선일까?" 하는 의문을 품었다. 밀은 한 걸음 더 나아가 질문을 던졌다.

"벤담의 공리주의가 가지는 한계와 오류는 무엇일까?"

밀은 그 답으로 개인의 자유는 타인에게 해를 주지 않는한 절대적으로 보장되어야 한다는 사상을 설파한 시대의 역작 「자유론」을 집필했다. 이처럼 새로운 학설이나 사상은기존의 이론에 의문을 제기하면서 비롯된 경우가 많다.

뉴턴의 세계관은 아인슈타인이 있기 전까지 200여 년간진리로 여겨졌다. 아인슈타인은 갈릴레이, 뉴턴, 맥스웰 등당대 최고의 지성이 세운 학문을 공부하다 깊은 의문에 빠졌다. 갈릴레이의 관점에서 보면 물체가 빛의 속도로 달릴때 그 물체가 보는 빛의 속도는 0이어야 한다. 반면, 맥스웰 (James Clerk Maxwell, 1831~1879)의 관점에서 보면 빛은 예외적으로고유의 절대속도를 가진다.

'상충하는 이 두 이론 중 어느 것이 맞을까?'

아인슈타인은 기존의 학설이 절대적으로 옳다는 관념에의문을 제기하며 모든 가능성을 열어두었다. 그렇게 해서 맥스웰이 주장한 광속도 불변의 법칙과 뉴턴의 역학 법칙을 서로 상치시켜보니 '특수 상대성의 원리'라는 전혀 다른 새로운 해석을 내놓을 수 있었다.

아인슈타인에게 특수 상대성이론을 최초로 주장할 기회를 빼앗긴 앙리푸엥카레(Henri Poincaré, 1854~1912)는 아인슈타인의 남다른 접근 방식에 감탄하며 말했다.

"아인슈타인은 물리학적 세계를 다룰 때 기존에 진리라고 생각돼온 원리에 머무르지 않고 모든 가능성을 열어둔다."

앙리푸엥카레가 말한 '모든 가능성을 열어두는 것'은 무슨 의미일까? 그것은 불변의 법칙을 변할 수 있는 법칙으로 보고, 권위 있는 과학자가 세운 이론이나 원리의 체계가 언제든 바뀔 수 있다고 생각하는 유연한 사고방식과 다름 아니다. 아인슈타인은 질문한다.

- 닫힌 세계 = 기존 질서 체계 → A는 B이다.
- 아인슈타인의 열린 세계 → (과연) A는 B일까?

우직한 어리석음

질문하기를 꺼리는 이유는 무엇일까? 질문하는 것을 얕은 지식이 드러나는 것으로 동일시하여 부끄러워하거나, 수준 이하 또는 빤한 대답이 나올 거라 지레 짐작하기 때문이다. 나만 모를 것 같은 내용을 질문하면 남들의 아까운 시간을 뺏는 거라는 '친절한 생각'도 질문을 하지 못하게 만든다. 단지 귀찮아서 질문하지 않을 경우도 있고, 질문이 권위에 대한 도전으로 받아들이는 문화일 경우도 있다. 하지만 질문하지 않는 인생은 발전이 없다. 세상을 바꾸지도 못한다.

질문은 주류에 반하는 '우직한 어리석음'의 형태로 나타나기도 한다.

"현명한 사람은 자기를 세상에 잘 맞추는 사람인 반면에 어리석은 사람은 그야말로 어리석게도 세상을 자기에게 맞추려고 하는 사람이라고 했습니다. 그러나 역설적이게도 세상은 이런 어리석은 사람들의 우직함으로 인해 조금씩 나은 것으로 변해 간다는 사실을 잊지 말아야 한다고 생각합니다. 우직한 어리석음, 그것이 곧 지혜와 현명함의 바탕이고 내용입니다. '편안함.' 그것도 경계해야 할 대상이기는 마찬가지입니다. 편안함은 흐르지 않는 강물이기 때문입니다. '불편함'은 흐르는 강물입니다. 흐르는 강물은 수많은 소리와 풍경을 그 속에 담고 있는 추억의 물이며 어딘가를 희망하는 잠들지 않는 물입니다."

- 신영복, 『나무야 나무야』

우직한 어리석음의 대표적 인물은 스티브 잡스(Steve Jobs, 1955~2011)이다. 스티브 잡스는 구성원들을 자극하며 세상을 온통 자기에게 맞추려 했다. 스티브 잡스가 '질문'이라면 세상은 '통념'으로 대비된다. 스티브 잡스는 '쓰레기'라는 거친 표현을 쓰며 통념의 산물인 기존 컴퓨터에 반기를 들었다. 남들은 트렌드에 맞춰 가격을 적당히 조정하고 또 적당한 소재로 만든 제품을 공급했지만, 스티브 잡스는 자신이 원하는 그림이 나오지 않으면 제품을 아예 출시하지 않았다. 그는 예술가가 작품에 올인하듯, 우직하게 작품에만 전념하며 해군이 아닌 '해적'이 되길 바랐다. 스티브 잡스의 우직한 어리석음은 필자가 책상에 앉아서 지금도 감탄하며 애용하고 있는 iMAC을 탄생시켰고 기존의 컴퓨터 개념을 소모품에서 '소장품'으로 업그레이드했다.

3장
리더는 질문한다

리더는 지시하지 않는다. 질문한다.

지시는 있는 영혼을 잠재우고 질문은 없던 영혼도 일깨운다.

리더는 강요하지 않는다. 따르도록 이끈다.

리더 기러기는 맨 앞에 선두에 설 뿐 자신을 따르라고 강요하지 않는다.

리더 기러기도 힘들고 지칠 때가 있다.

그럴 기미가 보이면

뒤에서 힘을 비축하던 다른 기러기가 앞으로 치고 나와

자연스럽게 리더 자리에서 무리를 이끈다.

리더는 행동으로 보여주고 행동을 이끌어낸다.

리더의 질문

경영의 그루 피터 드러커가 평소 자주 했던 질문이 있다.

"당신은 어떤 사람으로 기억 되고 싶습니까?"

미국의 두 번째 대통령 존 애덤스(John Adams, 1735~1826)는 리더를 이렇게 정의했다.

"당신의 행동이 더 많은 사람들이 꿈을 꾸게 하고 배우고 실천하며 무언가를 이루게 했다면 당신은 이미 리더다."

리더는 다른 사람들이 한참 일에 빠져 있을 때, 그들과 같은 속도와 같은 관점으로 함께하는 사람이 아니다. 멈춰 서서 의문을 제시하고 제동을 거는 사람이다. 그때 남들이 간과했던 중대한 결함을 찾아내거나 새로운 국면의 전환을 꾀한다. 리더는 바쁠수록 쉼을 갖고, 정진할수록 멈추어 서서 넓은 시각으로 살피는 사람이다.

코너오피스
「뉴욕타임즈」에는 2017년까지 10년 동안 CEO와의 인터뷰를 통해서 성공비결을 탐색해온 섹션, 코너오피스Corner office가 있다. 그간 총 525명의 CEO들이 코너오피스를 거쳐 갔다. 흥미롭게도 리더들의 공통된 습관이 하나 있었는데, 그것은 '질문'을 적절하게 잘 활용한다는 것이었다. 일례로 「뉴욕타임즈」는 2011년 4월, 포춘 500의 상위 150위 권 내 첫 흑인여성 CEO가 된 제록스의 우르슐라 번스Ursula Burns 를 인터뷰했다.

번스는 1958년 미국 뉴욕 뒷골목 빈민가에서 셋째 딸로 태어났다. 뉴욕 폴리텍대 졸업을 한 학기 앞두고 제록스에 들어간 그녀는 여름방학 2달간 인턴으로 일했다. 얼마 지나지 않아 그녀는 능력을 인정받고 제록스로부터 석사학위 학비 까지 지원 약속을 받고 제록스에 정식 입사했다. 그녀는 기 술직에 근무하면서도 소비자의 욕구는 무엇일까 늘 궁금해 했다. 평소 자신의 주관을 솔직하고 당당하게 표현했던 그녀 는 1991년 당시의 회장 폴 알레어Paul Allaire에게 질문했다.

"회장님은 평소에 인력채용을 줄여야 한다고 말씀해왔지만 실 제로는 반대로 고용을 늘려왔습니다. 저는 혼돈스럽습니다. 과 연 누가 회장님의 말씀을 믿고 채용을 줄일까요?"

이 당돌한 질문은 그녀를 회장 비서직으로 영전하게 만들 었다.

그녀는 말한다.

"CEO는 답을 찾는 사람이 아닙니다. 질문하는 사람이죠. 누군가 저에게 문제를 가지고 오면 저는 (답 대신 또 다른) 질문을 안겨 줍니다."

루이 16세의 질문

1789년 7월 14일 운명의 밤, 파리 바스티유감옥이 함락된 소식이 베르사이유궁으로 날아들었다. 하루 종일 한 마리도 사냥하지 못해 지쳐 있던 루이 16세가 왕실 의상담당관인 로슈푸코 리앙쿠르 후작에게 물었다.

루이 16세 : 이것은 반란이 아닌가?
로슈푸코 : 아닙니다, 황제폐하. 이는 혁명입니다.

이 짧은 대화는 여러 의미를 함축한다. 절대 봉건 계급사회에서 왕실 의상담당관이면 왕의 생각에 반하거나 심려를 끼칠 만한 언사는 삼가야 하는 게 당시 법도일 텐데, (국가의 운명이 하루아침에 바뀔 수도 있는) 반란이 아니냐는 물음에 로슈푸코 후작은 단호히 반란이 아니라 혁명이라고 단언했다. 루이 16세와 로슈푸코 후작의 관점 차이는 하늘과 땅만큼 컸다. 루이 16세가 정세 변화에 둔감했거나, 주위 신하들이 그의 눈과 귀를 막았을 것이다.

"~이 아닌가?"의 질문 형태는 상대도 자신과 뜻을 같이 하기를 바라는 확인 질문이다. 루이 16세의 간절한(?) 바람과는 상관없이 로슈푸코의 말대로 역사는 실패의 반란이 아닌 성공의 혁명으로 돌아갔다.

시대를 호령하던 한 나라의 절대군주가 어떻게 단두대에서 이슬로 사라지는 운명에 처하게 되었을까?

프랑스는 루이 14세 때부터 계속된 전쟁과 거듭된 패배로 극심한 피로감에 휩싸여 왔다. 재정 수입의 10배 가까운 부채를 지고 한 해 국가 수입의 60퍼센트를 이자로 납입해야 했다. 실업률은 50퍼센트에 이르렀고, 식료품 물가는 2배, 3배 폭등하였다. 그럼에도 부와 권력을 쥐고 있던 최상위 기득권층은 자신들이 가진 것을 내어 놓지 않았다. 당시 프랑스 사회는 상위 10퍼센트가 전체 부의 90퍼센트를 차지할 만큼 부의 편중이 극에 달했다. 계급 신분제 사회인 프랑스는 국왕 다음의 신분인 제1계급 성직자와 제2계급 귀족이 부의 60퍼센트를 차지할 만큼 막강한 권력을 누렸다. 게다가 이들은 면세 특혜를 받기 때문에 국가재정난을 타개할 조세법 개정의 제1순위였음에도 국가는 이들의 강한 저항에 번번이 부딪혀 세법개정이 실패로 돌아갔다.

루이 16세는 마지막 보루인 제3계급 신흥부자 계층인 상층시민이 조세개혁에 동참하기를 바랐으나, 훨씬 막대한 부를 소유한 성직자, 귀족들은 태평하게 있으면서 자신들만 희생당하는 것을 단호히 거부하였다.

　루이 16세는 제1~제3신분층인 성직자와 귀족, 평민으로 구성된 신분제 의회인 삼부회를 175년만에 부활하여 소집하기에 이르렀다. 각 신분층 대표가 모이긴 했으나, 서로의 입장 차이는 좁혀지지 않았다. 삼부회의 평민 대표들은 별도로 국민의회를 결성하였다. 이들은 테니스코트에 모여 문제가 해결될 때까지 해산하지 않기로 결의(1789)하고, 스스로를 제헌의회로 선포하며 뒷짐을 지고 서 있던 제1, 제2신분층과 달리 혼돈의 정국을 수습하는 일에 앞장섰다.

　기세등등하게 횃불처럼 타오르는 국민의회를 기득권층이 가만히 놔둘 리 없을 터였다. 기득권층은 루이 16세를 압박해 2만여 군사를 파리 주변에 동원시키며 일촉즉발의 긴장감을 조성했다. 시민들은 독일과 스위스 군대가 합세해 자신들을 습격할 거라는 위기감이 더해지자 억압정치의 상징이자 성벽 높이 30m인 철의 요새 바스티유 교도소를 습격하였다. 이를 계기로 다량의 무기를 탈취한 시민군대의 혁명은 전국으로 확산되었다.

　국민의회는 단순히 권력을 침탈하기 위해 벌이는 '쿠데타'가 아닌 '혁명'으로 만들기 위해서 자유, 평등의 가치와 재산권 보장을 담은 인권선언을 하며 정당성을 확보하려 애를 썼다. 국민의회가 시민들의 열화와 같은 지지를 받자 수세에 몰린 루이 16세는 몰래 탈출을 시도하다 발각되어 민중들의 더 큰 분노를 자초했다.

1791년 입법의회가 구성되고 새로운 헌법을 제정하는 공화정이 선포되었다. 혁명의 깃발이 앙시앵 레짐(ancien regime, 구질서)을 몰아내고 새 시대를 열었다. 루이 16세는 그가 수도 없이 집행했던 단두대에 오르는 신세로 전락하며 1793년 형 집행과 함께 역사 속으로 사라졌다.

루이 16세에 대한 역사의 평가는 갈린다. 왕비 마리 앙투아네트(Maria Antonia Anna Josepha Joanna, 1755~1793)와 더불어 불운의 운명이었다고 하는가 하면, 리더십이 부족한 심약한 왕으로 평가되기도 한다.

성공의 제1요인은 타이밍이다. 시대 환경과 여건이 무르익어야 탄력을 받는다. 법, 제도, 경쟁자, 조력자 등 어떤 일에 영향을 미치는 요인은 부지기수다. 한 송이 꽃도 타이밍이 받쳐주지 않으면 피울 수 없다. 프랑스혁명이 성공할 수 있었던 것도 타이밍이 잘 맞았기 때문으로 볼 수 있다.

여기서 얻을 수 있는 교훈은 무엇일까? 루이 16세는 왜 단두대에 올라야 했을까? "이것은 반란이 아닌가?" 하고 왜 철 지난 질문을 해야 했을까?

역사는 말해 준다. 질문하지 않으면 질문을 받는다는 것을. 루이 16세는 혁명세력의 질문을 받았다. 그 질문은 단지 기득권층과 시민간의 신분차이를 묻는 것이 아니었다. 맨 밑바닥까지 내려 앉아 피폐해진 하층 시민의 삶과 상관없이 부와 권력을 내려놓지 않고 호의호식을 누리는 특권층의 변하지 않는 안일한 태도에 대해서 공감할 수 있는지를 물었다. 그 물음은 시대 환경의 부름이었다.

면접 질문에 당황하지 않는 법

32세의 젊은 나이에 회사를 세워, 맥도날드(Mcdonald's, 1954~)에 이어 전 세계 2번째 햄버거 회사로 키운 버거킹 CEO 다니엘 슈워츠Daniel Schwartz는 면접 때마다 늘 하는 질문이 있다.

"당신은 똑똑한 사람입니까? 열심히 일하는 사람입니까?"

그가 원하는 대답은 후자이다. 하지만 대부분의 응시자는 자신이 똑똑하다고 대답한다.

ICT 솔루션 전문기업 CA 테크놀로지 CA Technologies의 CEO 밥 브레넌(Bob Brenban)이 면접할 때 하는 질문은 색다르다.

"당신이 부모님에게 닮고 싶은 점은 무엇인가요? 그리고 닮고 싶지 않은 점은 무엇이죠?"

버거킹 CEO와 CA 테크놀로지 CEO, 이 두 사람 질문의 공통점은 한 번에 두 가지 질문을 동시에 한다는 것이다. 다른 점은 버거킹 CEO는 양자택일의 질문인 반면, CA 테크놀로지 CEO는 2가지 반대 상황에 모두 답을 요구하는 질문이라는 것이다.

첫 번째 질문은 까다롭지는 않지만 아무리 설명을 잘 해도 애초에 면접관이 원하는 답변이 아닐 확률이 50퍼센트나 된다.

두 번째 질문은 난이도는 높지만, 의외로 기지를 발휘하면 무난한 질문이다.

CA 테크놀로지의 CEO 밥 브레넌이 반대의 상황을 동시에 질문한 의도는 무엇일까?

사람은 부모와 가장 오랫동안 함께 시간을 보내면서 부모의 영향을 가장 크게 받는다고 믿기 때문이다. 아울러 인간은 누구나 완벽하지 않기 때문에 부모 또한 단점이 있다. 아무리 같은 핏줄로 이어진 부모자식 관계라도 사람은 옳고 그름, 좋고 나쁨을 판단하는 식별 능력이 있다. 하지만 부모를 빗대서 닮고 싶지 않은 점까지 말해야 하는 건 곤혹스러운 일이다. 자칫 부모 흠 잡기로 비춰질 수 있고, 부모의 안 좋은 점에 대해 응시자가 영향을 받았을 거란 뉘앙스를 남길 가능성도 있다.

응시자는 짧은 순간에 이 딜레마를 어떻게 해소하며 지혜롭게 대답할 것인가 생각해야 한다. 당신이라면 이 질문에 어떻게 대답할 것인가?

답을 생각하기에 앞서 응시자가 주의할 점은 면접관의 질문에 액면 그대로 말려들지 않는 것이다. 면접관은 닮고 싶은 점과 닮고 싶지 않은 점이 무엇이냐고 물었다. 'What'을 물었으니 'What'으로 대답하면 의외로 간단하게 풀릴 수 있다. 그런데 거기서 그치면 면접관은 '상상'할 것이다.

'응시자가 부모로부터 닮고 싶지 않은 점을 이어받지는 않았을까?'

응시자는 어떻게 대응해야 할까? 면접관의 '상상'이 '추정'이 되는 걸 깨뜨려 줘야 한다. 면접시간은 짧다. 친절한 면접관이라면 'What'으로만 대답한 응시에게 연관된 추가질문으로 닮고 싶지 않은 점을 본인은 어떻게 대응했는지를 묻겠지만, 친절하지 않은 면접관이라면 '변명'의 기회도 주지 않고 그냥 넘어갈 것이다.

약자의 위치에 있는 응시자가 면접관이 깔아 놓은 밑밥에 걸리지 않기 위해서는 질문 밖의 질문까지 볼 줄 알아야 한다. 질문에 바로 답을 찾기보다 '면접관이 의도하는 바는 무엇일까?' 하고 머릿속에서 치열한 질문이 나와야 한다. 의도한 바를 알게 되면 침착하게 대응할 수 있다. 질문하면 잠시도 머뭇거리지 않고 답을 해야 한다고 생각하는 건 또 하나의 고정관념이다.

응시자는 면접관의 난해한 질문을 받았을 때 그 의도가 무엇인지 자신에게 묻고 나서 답을 찾는 것이 순서다.

박물관에 사전답사를 간 이상한(?) 선생님

타자가 친 야구공의 방향은 타점이 결정하고, 사람의 인생 향방은 질문이 결정한다.

> "남보다 뛰어난 재능은 없습니다. 남과 다르게 생각하려 할 뿐입니다."
>
> – 루치아노 베네통

남다른 생각은 남다른 질문, 남이 생각지 못한 질문에서 나온다. 미국 스미소니언Smithsonian 박물관에서 그림을 감상하는 한 중년 남성이 있었다. 그는 무릎을 최대한 낮추고 올려다보는 '불편한 방식'으로 그림을 봤다. 옆에 있던 관람객이 하도 답답해서 물었다.

"(불편한 자세로) 그렇게 무릎을 낮추고 그림을 보는 이유라도 있습니까?"

"저는 초등학교 선생입니다. 학생들을 데리고 이곳에서 현장학습을 할 건데, 그림이 아이들 눈에 어떻게 보일까 궁금해서입니다."

단체견학을 할 때 대부분 주안점을 두는 부분은 시간과 출석체크일 것이다. 많은 학생들과 스미소니언박물관 견학을 앞둔 이 초등학교 선생님은 '리더의 눈'을 가졌다. 나의 시각이 아니라 상대방의 시각으로 다가올 상황을 머릿속에 그렸다. 상대의 관점으로 바꾸면 나의 눈높이로는 보이지 않던 것이 보이게 된다.

정주영의 포기를 모르는 질문

1950년 9월 28일, 빼앗긴 서울을 다시 찾은 기쁨을 잠시 누릴 새도 없이 중공군 개입으로 정주영 일가는 부산으로 피난을 갔다. 정주영은 부산 대교로에 '현대건설' 간판을 걸고 생계전선을 이어갔다. 그동안 미8군의 공사 의뢰를 성공적으로 수행해온 덕에 신뢰를 얻은 정주영은 이번엔 도저히 감당하기 힘든 의뢰를 받게 된다. 때는 찬바람이 휑하게 부는 휴전 직전 1952년 12월 한겨울, 미국 대통령에 당선된 아이젠하워는 공약으로 내건 한국전쟁 종결을 위해 한국을 방문하기로 했다.

대통령 방문 일정에는 UN사절단과 함께 한국전에서 숨진 병사들이 묻힌 묘지 참배가 포함되어 있었다. 미8군에게 절실히 필요한 건 잔디였다. 아무리 겨울이라지만 황량하기 그지없는 묘지 주변을 그대로 둘 순 없었던 것. 하지만 '하면 된다.'는 군대 정신만으로는 역부족. 겨울에 잔디를 구하는 건 불가했다.

미8군은 공사 입찰을 붙였지만, 건설사들은 이런 '말도 안 되는 공사'를 두고 사업 검토조차 하지 않고 지레 포기했다. 다급해진 미8군은 '해결사' 정주영에게 공사를 부탁했다. 정주영은 그 동안 미8군이 요청한 여러 난감한 공사를 특유의 기지로 슬기롭게 완수해왔지만 이번만은 영감이 떠오르지 않았다. 하지만 포기를 모르는 체질인지라 일단 공사를 받아놓고 뒷수습을 하기로 했다. 대신 난이도를 고려하여 발주 공사비의 3배를 받기로 계약하며 '호기'를 부렸다. 발등에 불이 떨어진 정주영은 고심했다.

"이 한겨울에 어디서 잔디를 구해오지?"

대책 없이 뛰어든 정주영은 이제야 '대책'을 갈구했다.

'정말 잔디가 침울한 기분을 완화시켜줄까?'

'꼭 잔디가 필요할까?'

'잔디를 대체할 수 있는 건 없을까?'

'잔디처럼 초록빛으로 보이는 건 없을까?'

정주영이 생각해낸 아이디어는 보리였다. '모양이 좀 다르면 어떤가? 잔디처럼 비슷하게 보이면 그만이지.' 시골에서 자란 정주영에게 보리는 흔한 재료였다. 정주영은 낙동강 주변에 파릇한 자태로 잘 자라고 있는 보리를 묘지로 옮기기로 작정했다. 방향이 잡히자, 트럭 30대 분량의 대형 공사가 일사천리로 진행되었다. 눈앞에 펼쳐진 믿지 못할 광경을 본 UN 관계자들은 '원더풀'을 외치며 환호로 열광했다.

에디슨이 장학생을 뽑은 질문

에디슨 회사에서 기술책임자로 일했던 자동차왕 헨리 포드(Henry Ford, 1863~1947)는 자동차 부품 중 유일하게 자국 내에서 생산되지 않는 원료가 고무라며, 앞으로 생산량이 늘어날수록 수입 의존도가 커지게 되는 걸 걱정하고 있었다.

특허를 1000개 이상을 따낸 에디슨(Thomas Alva Edison, 1847~1931)은 평생 발명하는 데 시간을 보냈는데, 비결은 그의 말대로 99퍼센트의 노력 말고는 다른 방도가 없었다. 그의 연구방식은 무모할 만큼 타의 추종을 불허했다.

에디슨은 즉시 미국 땅에서 자라는 14,000여 종의 식물을 몽땅 채집했는데, 그 중 고무와 같은 성질이 있는 600여 종의 식물을 찾아냈다. 거기서 '골든로드'라는 종이 가장 적합하다고 판단했다. 하지만 얼마 지나지 않아 인공 합성고무가 발명되자 연구를 멈춰야 했다. 80살 노인이 다 되었지만 발명에 대한 열정으로 가득한 에디슨은 끝을 몰랐다. 그래도 몸은 예전 같지 않다는 걸 깨닫고 이제 후학을 양성할 생각에 장학금을 줄 학생들을 선발하고 싶었다. 그런데 에디슨이 보기에 요즘 학생들은 선생님이 가르치는 대로만 할 뿐 스스로 연구하고 생각하지 않는 것으로 보였다. 미래가 걱정되었다. 에디슨은 어떻게 하면 재능 있는 인재를 찾을 수 있을지 고심했다.

이번엔 에디슨의 걱정을 포드가 해결해 주고 싶었다. 포드는 시험문제를 내서 성적이 우수한 학생들에게 장학금을 주면 어떻겠느냐고 제안했고, 에디슨은 흔쾌히 받아들였다. 헨리 포드, 에디슨을 포함한 5명의 심사위원단이 구성되었다. 1929년 처음으로 문제가 출제되었다. 당시 출제된 문제는 난해하기로 소문이 자자했다. 아인슈타인이 화학문제를 직접 풀어보곤 자신이 시험을 봤다면 아마 떨어졌을 거라고 말할 정도였다. 어떤 문제였을까?

에디슨이 출제한 문제는 발명에 필요한 지식이나 원리를 묻는 문제가 아니었다. 철학적인 성격이 다분했다.

1. 당신에게 100만 달러의 유산이 주어진다면 무엇에 쓰겠습니까?

2. 행복, 쾌락, 평판, 명예, 돈과 사랑 중에서 목숨과도 바

꿀 만큼 얻고 싶은 것은 무엇인가요?

3. 생이 끝나간다면 당신의 일생에서 성공과 실패를 결정
   지었던 것은 무엇입니까?

4. 거짓말이 허용되는 경우는 어떨 때인가요?

변화의 마법사 제프 베조스

'인공지능 알렉사' '2시간 배송 서비스' 등 아마존이 그간
보여준 행보는 아마존을 변화에 빠르게 대처하는 기업으로
인식하도록 했다.

아마존이 다음에 변화를 꾀할 모습은 무엇일까?

현기증이 날 정도로 변화하는 세상에서 이를 예측하기란
참 어려운 일. 이보단 좀 더 통찰적인 질문이 필요하다. 힌트
는 아마존의 CEO 제프 베조스(Jeffrey Preston Bezos, 1964~)의 야심
이 드러난 말에 있다. 베조스는 미래 10년 간 변함없이 소비자
들이 원하는 것은 '더 빠른 배송'과 '더 낮은 가격'이며, 앞으로
도 계속 '변하지 않는 것'을 찾아내 거기에 투자할 것이라고
말했다.

'그렇다면 더 빠른 배송, 더 낮은 가격 외에 최소 10년 간
변하지 않을 가치는 무엇일까?'

제프 베조스의 머릿속엔 '변하지 않을 가치는 무엇일까?'

라는 질문이 늘 자리 잡고 있다. 그에게도 답은 없다. 답은 언제든 바뀔 수 있다. 확실한 건 변하지 않을 질문이 있다는 것과 질문을 잊어버리지 않는 것이다. 혁신 제품을 만들고, 혁신기업을 과감하게 인수하는 일련의 행동은 변화를 추구하는 모습으로 보이지만, 그 내면에는 베조스가 지향하는 '변하지 않는 가치'가 기반을 이루고 있다. 아마존이 내놓는 신상품, 기술혁신 등은 '변하지 않는 가치'의 결과물일 뿐이다. 결과물의 현상은 시대변화에 따라 늘 변한다. 경쟁자는 아마존이 추구하는 '변하지 않는 가치'를 보지 못하고 눈에 보이는 변화의 현상에만 추종할 경우 영원히 아마존의 그늘을 벗어나지 못할 것이다.

잭 도시의 빼기 질문

트위터 공동창업자 잭 도시(Jack Dorsey, 1976~)는 좋은 디자이너란 "정말로 이것이 필요할까? 무엇을 뺄 수 있을까?"라고 끊임없이 물으면서 불필요한 부분을 제거하는 것이라고 말한다. 대부분 더하는 것에 익숙하다. 빼기가 어려운 이유다. '뭐 빠진 건 없을까?' '뭔가 좀 부족해.' 하면서 늘 더하고 덧붙일 대상을 생각한다.

"완성이란 더 이상 덧붙일 것이 없을 때가 아니라, 더는 **뺄** 게 없을 때이다."

- 생텍쥐페리 「인간의 대지」

"나는 우리가 해낸 일들 만큼이나 하지 않은 일들이 자랑스럽다."

- 스티브 잡스

뺴는 건 왠지 손해 보는 느낌이 든다. 공든 탑을 허무는 것 같다. 하지만 자족 차원이 아니고 남에게 가치를 인정받아야 할 상황이라면 줄일수록 가치는 빛을 발한다.

안개가 자욱한 상황에서는 앞이 명확하게 보이지 않는다. 불확실성을 초래하는 '안개'를 거두어야 시야가 확실해진다.

하수는 더하기 질문에 능숙하고 고수는 **뺴기** 질문에 능숙하다.

문재인 대통령의 송곳질문

2017년 11월 전국 55만 수험생이 치를 수능이 연기되는 역대 초유의 '사건'이 발생했다. 원인은 수능 전날 포항시 북구에서 발생한 진도 5.5 규모의 지진. 청와대는 대통령 주재로 긴급 대책회의를 열었다. 문 대통령은 현황 브리핑을 받고 지시에 앞서 질문부터 했다.

"포항에 있는 14개 수능고사장, 230여 개 교실 중 한 곳에서라도 여진으로 창문이 깨지면 수험생들이 다치거나 놀라지 않을까요?"

"여진으로 교실 한 곳에서라도 전기가 끊겨 듣기평가가 안 되면 그 학생들은 누가 책임지죠?"

- 관련기사 출처 http://www.nocutnews.co.kr/news/4878994

뉴스 기사 표현대로 문 대통령은 '송곳' 질문으로 사태의 근본 해결책을 참모진 스스로 생각하도록 분위기를 조성했다. 세월호사건 당일 7시간 동안 꼭꼭 숨은 이전 대통령이었다면 이 사태를 어떻게 대처했을까? 아무도 생각지 못한 '수능 연기'라는 결론을 제안한 건 현장정보를 면밀히 파악, 다각도로 영향을 분석한 스텝이었지만, 문 대통령이 수능 연기도 검토 후보로 넣도록 아이디어를 제시했다고 한다.

리더는 위기상황에서 해결책을 내놓고 지시하는 사람이 아니다. 문제의 핵심이 무엇인지 생각하고 근본 방향을 제시하는 사람이다. 집단 지성이 해결책을 찾아내도록 방향을 이끄는 사람이다.

Life is good

비정규직 교사를 하던 제이콥Jacob 형제(버트 제이콥Bert Jacob, 존 제이콥John Jacob)는 1989년 길거리에서 티셔츠를 팔았지만 하루에 한 장도 팔지 못하는 날이 많았다. 어영부영 시간은 흘러서 5년의 세월이 지나갔다. 제이콥 형제는 그동안 여행하며 모은 아이디어로 티셔츠를 디자인했다. 보스턴 집에 친구들을 모아 놓고 견본을 보여주었다. 여러 후보 중 딱 두 개의 티셔츠가 친구들의 마음을 움직였다. 하나는 '제이크Jake'라는 이름을 가진 캐릭터가 입을 크게 벌린 심플한 얼굴 모양, 하나는 'Life is good'이라는 단순한 문장이 쓰인 티셔츠였다. 제이콥 형제는 곧장 두 개의 디자인을 적용한 티셔츠를 50장 찍어 길거리로 들고 나갔다. 티셔츠는 1시간 만에 완판! 성공 가능성을 본 제이콥 형제는 아예 'Life is good'을 회사명으로 등록하고 본격적으로 티셔츠 사업을 했다. 오늘날 'Life is good' 회사는 기업 가치 1억 달러를 상회, 티셔츠는 오늘날 전 세계 30개국 4500여 매장에서 인기리에 팔리고 있다.

Life is good! 이 평범하면서도 사람들이 좋아하는 문구는 어떻게 나오게 된 걸까?

제이콥 형제의 부모는 일찍이 불운의 교통사고로 그의 아버지는 오른 팔을 못 쓰고 어머니는 손가락을 못 쓰는 장애인이 되었다. 아버지는 그 후로 분노조절 장애까지 겹쳐 초등학교 초년생이던 제이콥 형제에게 자주 화풀이하며 집안 물건들을 던지고 부줬다. 암울한 환경에서 6남매를 책임진 엄마는 그래도 긍정적인 태도를 유지했다. 식사 준비를 할 때는 콧노래를 흥얼거렸고, 아이들에게 동화를 읽어줄 때는 불편한 손가락을 정성껏 펴 보이며 연기도 곁들였다. 식탁에 모인 자녀들에게 엄마는 한결 같이 물었다.

"오늘 하루 중 가장 좋았던 일이 뭐니?"

분위기를 활기차게 만들어 주는 엄마 덕분에 다섯째와 여섯째인 제이콥 형제는 자칫 침울하고 소극적일 수 있는 기운을 떨쳐내고 밝고 명랑한 기분을 가질 수 있었다. 이때부터 긍정의 기운이 제이콥 형제들의 마음속에 깊이 새겨졌다. 티셔츠 문구로 'Life is good'이 나온 건 우연이 아니다. 이 세 단어는 굳이 애써 떠올릴 필요 없는 평상시에 체득된 언어였다. 그 중심엔 "오늘 하루 중 좋았던 일이 뭐니?" 하며 천연덕스레 말을 건넨 어머니의 질문이 있었다.

제이콥 형제의 엄마가, "오늘, 안 좋았던 일은 무엇이니?"라고 물었다면 어떻게 됐을까? 'Life is good' 대신 'Life is bad'를 떠올리지 않았을까? 물론 아무도 그런 문구가 새겨진 티셔츠를 사진 않았겠지만.

제이콥 형제의 성공은 3가지로 요약된다.

1. 긍정
2. 반복
3. 질문

긍정의 말을 매일 반복해서 질문으로 바꾸는 것! 질문 형태의 문장은 평문보다 각성의 강도를 더 크게 한다. 인간은 본능적으로 질문에 답하려는 성향이 있다. 질문이 해결되지 않은 불확실성을 본능적으로 싫어하기 때문이다. 이 DNA가 인류의 진보와 발전을 이끈다.

제이콥 형제는 퇴근할 때면 엄마가 했던 질문을 직원들에게 그대로 한다.

트레이더 조Trader joe's 직원이 신뢰받는 기분이 드는 이유

• 유기농 식품 판매 선두주자
• 2007년 65억 달러에서 2016년 164억 달러 매출로 매년 고속 성장
• 매장 선호도를 조사하는 마켓포스인포메이션(MFI) 마트

부문 매년 1위

• 아마존이 인수한 유기농 전문 마트

미국 내 420여 개 매장을 가진 트레이더 조Trader joe's에 따라붙는 수식어들이다.

트레이더 조는 5만 종 이상 취급하는 대형마트에 비하면 3천여 개밖에 안 되는 품목을 취급하고 대형마트보다 작은 1/5 내외 크기인 200~300평형대의 소규모 매장을 운영하고 있지만 면적대비 매출은 대형마트의 약 2배로 수익성이 더 뛰어나다. 고객이 트레이더 조 매장에 방문하면 시원한 하와이안 셔츠를 입은 직원이 기분 좋은 표정으로 친구 대하듯 활기차고 친절하게 응대한다.

왜 트레이더 조 직원들은 신바람 나게 일할까? 월마트보다 급여가 2배 높기 때문만은 아니다. 진짜 비결은 중간관리자들에게 있다. 트레이더 조는 동종업계보다 중간관리자들이 많은 편이다. 일반적으로 실무자보다 관리자가 많으면 일이 늘어나게 마련. 하지만 트레이더 조의 중간관리자들은 직원과 소통할 때 지시하는 대신 주로 질문을 건넨다. 개인적 고충이 있으면 따로 불러내어 풀릴 때까지 대화하고 관심을 가져준다. 직원들은 다른 회사가 결코 쉽게 얻을 수 없는 '신뢰받는 기분'을 갖게 되었다.

질문은 상대방의 의사를 존중하고 자아감을 형성해 주는

효과가 있다. 인간은 누구나 신분에 상관없이 존중 받고 자존감을 유지하고 싶은 성향이 있다. 그 연결고리가 질문이다. 질문은 '나의 생각' '나의 관점'을 밖으로 끄집어내게한다. 타인의 생각에 내 생각을 가두는 것이 아니라, 타인의 질문에 내 생각을 말할 수 있는 기회가 신뢰 받는 느낌을 만든다.

카카오택시의 발칙한 상상

한번쯤 카카오택시를 타봤을 것이다. 서비스를 제공하는 카카오모빌리티는 유료 수익모델의 다각화를 위해 여러 실험을 진행 중이다. 그 중 택시요금 외에 1,000원을 더 받는 스마트호출 서비스를 출시했지만, 택시 기사들의 반발로 무산되었다.

기존에는 출발지점에서 가까운 거리에 있는 택시를 호출하는 방식이다 보니, 교통흐름이나 방향 등 여러 사정으로 택시기사가 고객요청에 응답하지 못하는 경우가 생겼다. 이를 보완한 것이 스마트 호출인데, 제반 교통 상황이 담긴 데이터를 AI로 분석해서 응답률이 높은 택시를 호출하는 방식으로 성공률을 높인 것. 그런데 고객의 목적지가 택시기사에게는 보이지 않도록 한 것이 '문제'였다. 고객 입장에서는 유용하지만, 택시기사 입장에서는 선호하지 않는 행선지일 경우 손해를 본다고 생각하기 때문에 수수료를 제하고 받는 600원 정도의 이익을 보려고 굳이 '위험'을 감수하지 않은 것. 결국 목적지를 가리는 기능은 철회되었다.

택시기사는 카카오모빌리티를 상대로 완전한 판정승을 거둔 것일까?

카카오모빌리티 정주환 대표는 이에 대해서 심야시간에 택시가 이동 서비스 독점권을 갖는 게 맞는지 반문한다. 앞으로 심야시간에 다양한 이동수단을 소비자가 선택할 수 있는 '그날'이 올 수도 있음을 암시하는 것으로 해석된다. 일시적으로 몰리는 수요에 비해 택시의 제한된 공급은 추운 겨울밤 발을 동동 구르면서 마냥 기다려야 하는 소비자의 불편함을 초래한다. 지금껏 그래왔다. 정주환 대표가 심야시간을 택시가 독점하는 것이 맞는가 하고 반문한 질문이 언젠가는 미래를 바꿔놓지 않을까?

질문 방향을 바꾼 P&G 비누

1970년 초반 P&G는 경쟁사인 콜게이트 팜올리브Colgate-Palmolive에서 출시한 아이리시스프링Irish Spring 비누가 인기를 모으자 대응책을 마련하느라 분주했다.

"어떻게 하면 콜게이트 팜올리브의 신제품인 초록색 줄무늬가 있는 아이리시 스프링 비누보다 더 나은 제품을 만들 수 있을까?"

하지만 좋은 아이디어는 나오지 않았다. 질문 자체에 한계가 있었던 것. 경쟁사 제품보다 더 나은 제품을 어떻게 만들까 하는 질문은 누구나 할 수 있는 평이한 질문이었다. P&G는 질문의 초점을 바꿨다.
"아이리시 스프링의 어떤 점이 고객을 사로잡을까?"

질문의 관점을 바꾸자 성공 요인은 초록색 줄무늬가 아니라, 이 초록색 줄무늬가 만들어내는 '상쾌함'이란 걸 깨닫게 되었다. 자신감을 얻은 P&G는 한 차원 더 높은 질문을 했다.

"어떻게 하면 '더 상쾌한' 비누를 만들 수 있을까?"

질문이 구체화되자 가뭄에 콩 나듯 하던 아이디어가 비 오듯 쏟아졌다. P&G는 어떤 아이디어를 선택할지 행복한 선택의 고민을 하며 푸른색과 흰색 줄무늬가 섞인 '코스트

_{Coast}' 비누를 출시했다. 이 비누는 시장에서 꽤 좋은 반응을
얻어 큰 성공을 거두었다.

영혼에 파동을 일으키는 질문

- 더 나은 실패란 무엇일까?
- 실패해도 다시 시작할 수 있는 든든한 백(배경, 후원 등)이
  있는 상황과, 실패하면 그걸로 끝인 배수진을 친 상황
  중 어느 쪽이 더 위대한 결과를 이끌까?
- 나를 필요로 하는 삶, 내가 원하는 삶 중 어떤 인생을
  살 것인가?
- 노동은 빈곤의 결과일까? 부유함의 원인일까?
- 마케팅 경험이 없는 것을 장점으로 만들려면 어떻게 해
  야 할까?
- 나에게 벼룩의 유리 상자, 서커스단 코끼리 말뚝 같은
  것은 무엇일까?

당신은 영혼에 파동을 일으킬 어떤 질문을 가지고 있습니까?

리더와 팔로워

- 팔로워는 답을 아는 질문을 하고, 리더는 답을 모르는 질문을 한다.
- 팔로워는 성실하게 노력하며 많은 시간을 보내고 리더는 시간을 줄일 질문을 한다.
- 팔로워는 보여주려 하고, 리더는 궁금증을 남긴다.
- 팔로워는 마침표를 서둘러 찍으려 하고, 리더는 물음표를 천천히 떠올린다.
- 팔로워는 보이는 것에 안심하고, 리더는 보이지 않는 것에 질문한다.
- 팔로워는 답하는 것에 익숙하고, 리더는 질문하는 것에 익숙하다.
- 팔로워는 질문 받는 것을 두려워하고, 리더는 질문 없는 것을 두려워한다.

당신은 팔로워입니까? 리더입니까?

질문의 힘

4장
창의적 생각도구

질문은 창의성을 일깨우는 데 좋은 생각 도구이다.

추리소설의 전개, 난제를 푸는 접근법,

일반적 문제 해결의 단초 등이 질문에서 비롯된다.

질문은 바람이다.

고요한 호수에 파동을 일으키고,

꽃가루를 날려 생명을 싹트도록 한다.

바람은 어떻게 일어날까?

극 전개의 이음쇠

"중요한 질문은 이것입니다. 이 범죄가 누구에게 득이 되는가?"

영화 〈오리엔탈 특급 살인사건〉에서 명탐정 에르큘 포와로(케네스 브래너Sir Kenneth Branagh 분)가 사건 현장에서 모인 사람들에게 던진 말이다. 에르큘 포와로의 통찰력 있는 이 한마디는 영화 전체를 관통하며 사건 해결의 실마리를 꿴다. 덕분에 관객은 그의 관점으로 사건을 보는 '수준 상향'에 편승할 수 있다. 해결되지 않은 질문은 머릿속에 남기 때문에, 이 질문은 영화를 보는 내내 맴돌고 후반부 결말이 훤히 드러나기 전까지 긴장감을 유지시켜 준다.

나도 글을 쓸 때 '질문'을 자주 사용하는 편이다. 독자에게 친절하게 풀어서 해 주고 싶은 말을 꾹꾹 참고 질문으로 남기면 혹시 독자가 나의 의도와 다르게 생각하지는 않을까 불안하기도 하지만, 상상을 일으키는 질문은 호기심과 긴장감을 적절하게 배합해 주기 때문에 달콤새콤한 질문의 유혹을 벗어나긴 어렵다.

생각 드라이브

인도의 아크발 왕이 벽에 선을 그었다. 왕은 손을 대지 않고 이 선을 짧게 만들어 보라고 신하들에게 문제를 냈다.

아무도 나서는 이가 없었다. 그 때 한 신하가 열심히 문제를 생각했다.

'손대지 않고 짧게 만드는 건 불가능하다. 그렇다면 손대지 않고도 짧게 보이게 하는 건 가능하지 않을까?'

'절대적인 관점을 상대적 관점으로 바꾸면?'

'짧다'는 것은 '길다'의 반대말로 상대관념이지 절대관념이 아니지 않은가?

'짧음'은 '긺'이 있기에 존재하고, 역시 '긺'도 '짧음'이 있기에 가능하다. 그렇다면 선을 짧게 보이도록 반대로 긴 선을 옆에 그리면?

연쇄적인 질문 끝에 신하는 아크발 왕이 그은 선 옆에 선 하나를 더 길게 그음으로써 문제를 풀었다.

문제를 (남들이 다 아는) 답으로 접근하면 풀리지 않는다. 신하는 문제를 문제로 접근하는 역발상으로 난제를 풀었던 것이다.

지루함을 더는 학습 질문

공부할 때 질문을 적절히 활용하는 것만큼 좋은 방법은 없다. 뇌는 묻고 답하는 것을 더 잘 기억한다. 대부분의 책은 친절하게 질문을 하지 않는다. 제목과 해설이 대부분이다. 궁금증이 생기기도 전에 답부터 제시된다. 정보를 빨리 얻을 순 있지만, 자고 나면 금세 잊는 데 좋은 방식이다. 그럼, 어떻게 해야 기억에 남으면서 지루하지 않게 배울 수 있을까? 책에는 질문이 쓰여 있지 않지만 호기심을 갖고 스스로 질문을 만들어 보는 거다.

가령, 뇌 구조를 공부할 때 이런 식으로 접근해 보면 어떨까?

진화학 관점에서 인간 뇌 구조를 설명한 삼위일체뇌(Triune Brain) 모델은 뇌를 3중 구조로 보는데, 가장 바깥에서부터 순서대로 신피질 → 변연계 → R-복합체로 나뉜다.

신피질(新皮質, neocortex)은 이성적 판단과 사고를 담당한다. '지능지수'와 관련이 있다.

"왜 '신피질'이라고 이름을 붙였을까? 한자어를 보면 새로 생긴 부위를 의미하는 것 같은데?"

인간이 수천만 년 동안 진화를 거듭하면서 가장 최근에 형성된 조직구조이기 때문이다.

"그럼, 반대로 가장 처음에 만들어진 것으로 추정되는 맨 안쪽에 있는 R-복합체는 무슨 기능을 할까?"

계란으로 치면 노른자 부위, 지구로 치면 핵이다. R-복합체는 'Reptilian complex'로 파충류 복합체로 번역되고 '크로커다일 뇌' 또는 '파충류 뇌'라고도 부른다.

"왜 파충류 뇌로 부를까? 인간과 전혀 다른 종인 파충류가 무슨 관계가 있길래?"

이 영역은 호흡, 심장박동, 혈압 조절과 같은 생명과 직접 관련이 있는 생존기능과 식욕, 수면과 같은 본능을 관장한다. 생각과 상관없이 본능적으로 하는 기침과 하품도 '크로커다일 뇌'가 작동시킨다.

"아, 그래서 파충류 뇌라 부른 거군. 현생인류가 탄생하기 훨씬 이전인 1억 5천만 년 전에 나온 파충류는 '본능의 화신'이니까…."

"가장 안쪽에 있는 걸로 봐서 인간이 진화할 때 가장 먼저 생긴 뇌겠지?"

가장 안쪽에 있는 '크로커다일 뇌'가 물리학적으로 보면 외상에 상대적으로 강하다. 소중한 물건일수록 깊이 감추는 경향이 있는 것처럼 세 개 층으로 구성된 뇌 중에서 크로커다일 뇌는 생존에 가장 중요하다.

질문을 통해서 지식에 접근해보면 지루하지 않게 학습할 수 있다. 만약 이 과정을 주입식 교육으로 바꾼다면 얼마나 재미없을까?

리처드 파인만의 문제 해결 3단계

아인슈타인과 더불어 최고의 과학자로 꼽히는 리처드 파인만(Richard Feynman, 1918~1988)은 원자폭탄을 개발하는 맨해튼 프로젝트에 참여했고, 입자가 이동할 때 전기 상호작용의 가능한 모든 경로를 계산하는 방식(양자역학적 방법)으로 양자전기역학의 새로운 장을 열며 1965년 노벨 물리학상을 받았다.

리처드 파인만은 평소 문제를 어떻게 해결할까? 그는 세상 모든 일반문제의 해법 '파인만 알고리즘'이라는 간단한 문제 해결 방식을 창안했다. 단계는 다음과 같다.

1. 문제를 기술한다.
2. 열심히 생각한다.
3. 답(해결책)을 적는다.

리처드 파인만 알고리즘을 더 간단히 표현하면 '문제 기술 → 질문 → 답'이다.

너무 간단해서 허탈한 웃음이 나올 지경이지만, 크고 작은 문제를 해결하는 데 이보다 쉬운 솔루션은 없다. 여기서 2번 '열심히 생각한다.'의 과정이 '질문'이다. 1번 문제를 기술하고 나면, 2번 생각하는 단계로 넘어가는데, 생각에도 순서가 있다. 'why'가 선결되지 않으면 'how'나 'what'이 아무리 충족되더라도 납득이 안 된다.

반대로 'why'에 대해서 충분히 납득이 되면 그 뒤 'how'나 'what'은 자연스럽게 이해가 된다. 'why'에 집중해야 하는 이유이다.

2번 과정이 질문의 핵심이지만, 실은 1번의 출발선도 질문이다. 문제를 기술한다는 것이 해결하지 못한 3번의 답을 찾기 위해 의문을 품고 던지는 질문에서 시작하기 때문이다.

내적 동기 vs 외적 동기

줄탁동시啐啄同時란 말이 있다.

병아리가 알에서 깨어날 때 어미가 부리로 밖에서 함께 쪼는 것을 의미한다. 병아리가 내적 동기라면 어미닭은 외적 동기에 해당한다. 중요한 건 병아리가 안에서 쪼지 않으면 어미닭도 밖에서 쪼지 않는다는 점이다. 어미닭은 알 속의 병아리가 어느 정도 성장해서 세상 밖으로 나오기 위해 신호를 보낼 때, 단지 조금 도와줄 뿐이다. 사실, 어미닭이 도와주지 않아도 병아리는 스스로 알을 깨고 나온다. 하지만 스스로 알을 깨지 못하는 병아리는 어미닭조차 도와줄 수 없다.

반면, 인간은 내적 동인만으로 충분하지 않을 때가 있다.

음식을 먹으면 움직이지 않아도 소화는 그럭저럭 된다. 하지만 배변이 원활하게 이루어지지 않는다.

반면 운동을 하면 소화도 잘되고 배변도 잘 된다. 이처럼 소화기관이라는 내적 동인動因에 운동이라는 외적 동인이 함께 수반될 때 '일'이 순조롭다.

인간은 사회적 관계를 통해서 삶의 의미를 얻는다. 질문은 내적 동인에서 나오지만, 대부분은 외적 동인에 영향을 받는다. 수행하는 스님은 내적 동인으로 깨달음을 얻는다. 하지만 일반인은 스스로 문제를 찾고 해결하기가 어렵다. 외적 동기의 합류가 필요하다. 그럼, 외적 동기는 어떻게 생길까? 인간은 타인, 사회, 집단으로부터 자극을 받는다. 이때 관계를 맺는 모든 것들에서 외적 동기가 생긴다. TV를 보다가, 책을 읽다가, 길을 걷다가, 여행을 갔다가 문득 받는 어떤 자극이 잠자던 내적 동기를 일깨울 수 있다. 중요한 건 내적 동기는 품었거나 품고 있는 질문이 있을 때만 발견된다는 점이다.

'포스트잇'은 원래 초기에 개발될 때 접착능력이 떨어져 잘 붙지 않아 실패한 산물이었다. 그럼, 어떻게 포스트잇이

'부활'하게 된 걸까? 연구원 스펜서 실버Spencer Silver는 의도와 다르게 접착력이 약해서 잘 떨어지는 접착제를 발명했는데, 비록 실패는 했지만 3M의 공유문화에 의해서 '실패 스토리'를 세미나에서 공유했다. 이로부터 4년이나 지난 어느 날 교회 성가대였던 같은 회사 연구원 아서 프라이Arthur Fry에게는 가끔 골치 아픈 문제가 있었다. 악보 사이에 자신이 부를 부분을 따로 표시해 놓은 서표書標가 잘 떨어져서 난감했던 것이다.

아서 프라이는 '어떻게 하면 여러 번 뗐다 붙였다 해도 계속 사용할 수 있는 서표를 만들 수 있을까?' 생각했다. 문제를 해결해 줄 아이디어는 멀리 있지 않았다. 스펜서 실버가 개발하려다 실패한 바로 그 접착제를 이용하면 될 것 같았다. 3년의 연구 끝에 포스트잇이 드디어 세상에 나왔다. 이렇게 아서 프라이의 내적 동기에 스펜서 실버의 외적 동기가 만나 전 세계에서 널리 쓰이는 '베스트 & 스테디셀러'가 탄생한 것이다.

스티브 잡스가 만나고 싶었던 소크라테스

"소크라테스(Socrates, BC 469(?)~BC 399)와 오후 반나절을 보낼 수 있다면, 내가 가진 모든 기술과 맞바꾸겠다."

전 세계 시가총액 1위 기업 애플을 창시한 스티브 잡스는 왜 소크라테스와 함께 있고 싶었던 걸까?

소크라테스는 문답 형식으로 진리에 접근해가는 방식에 능했다. 그는 스스로를 현명하지 않다고 생각했고 자신의 '무지'를 알았다. 소크라테스는 남들이 자신보다 많이 알 거라고 기대했지만, 그들 자신들의 무지함을 스스로 알지 못한 것을 알고는 깊이 실망했다.

소크라테스는 메논과 탁월함에 대해서 대화를 나누었다.

대화는 이런 식이다. 소크라테스가 질문한다.

"탁월함이란 가르쳐서 얻을 수 있을까?"

"그렇다." 메논이 대답한다. 그러자 다시 소크라테스는 질문한다.

"교사는 지식을 가르쳐주므로 탁월함을 지식으로 볼 수 있을까?"

"그렇다."

소크라테스는 질문을 멈추지 않는다.

"하지만 (제대로 자질을 갖춘) 교사는 없다는 걸 인정하는가?"

이렇게 하나의 메시지만 담은 짧은 질문을 던지며 구슬을 꿰듯 묻고 또 묻는 형식이다. 소크라테스와의 대화에서 말문이 막힌 메논은 '아포리아(Aporia: 물음에 모순된 결론이 나오는 막다른 곳, 즉 무지를 자각하고 상대에게 더 이상 대적하지 못하는 상태)'에 이르게 되었고 결국 자신의 무지함을 깨닫게 된다. 무지를 인정한다는 건 부끄럽고 당혹스러운 일이지만 소크라테스의 정연한 논리에 승복할 수밖에 없었던 것. 소크라테스가 아니었다면 메논은 평생 자신이 모른다는 것을 몰랐을 것이다. 대신, 자신의 무지를 깨닫는 '성과'를 얻는다.

소크라테스는 가르치는 사람이 아니라 질문을 통해서 지혜를 '함께' 알아가는 리더였다.

그는 상대를 일부러 곤혹스럽게 하고 궁지에 빠뜨리려고 하지 않았다. 알고도 모른 척 하지도 않았다. 진심 궁금한 점을 물었고 조금이라도 이해되지 않거나 의심이 남아 있다면 주저하지 않고 집요하게 질문하며 대화를 이끌었다. 그는 무지를 부끄러워하지 않았다. 무지를 모르는 걸 경계했다.

스티브 잡스도 자신의 무지를 깨닫고 싶었던 걸까? 사후에 스티브 잡스가 소크라테스를 만났다면 어떤 대화를 나누었을까?

5장
혁신가의 일하는 방식

혁신 기업가의 대명사 엘론 머스크(Elon Musk, 1971~)가

전기차사업을 한다고 했을 때 주위에서는 다들 비싼 배터리가 사업을 가로막을 거라 했다.

"왜 배터리가 비쌀까?"

"배터리의 주재료는 무엇이지?"

그는 의문을 갖고 배터리에 대해 알아보던 중

현재보다 훨씬 저렴하게 배터리를 공수할 수 있다는 확신이 들었다.

필요한 재료를 가격 경쟁력 있는 런던의 금속거래소에서 마련하기로 한 것.

엘론 머스크는 남들이 가진 통념에 의문을 품었다. '

전기차 = 투박한 디자인'의 공식을 깨고 스포츠카 모양의 모델 S를 만들었다.

엘론 머스크 같이 기존에 없던

새로운 기준을 세우는 혁신가들은 어떻게 일할까?

하브루타에 없는 것

일찍이 나라를 잃고 전 세계를 떠돌던 유대인은 왜 세계적인 부와 명예의 전당에 빠짐없이 등장할까? 답은 유대인의 대화문화에서도 찾을 수 있다. 유대인은 짝을 지어 질문하고 답하는 과정을 통해 깨달음을 얻고 진리를 탐구하는 오랜 습성이 있다. 묻고 답하는 방식 자체는 특별할 건 없다. 다른 점은 짝 짓는 대상에 있다. 유대인은 짝을 구별해서 짓지 않는다. 성별, 연령, 계층, 신분을 막론한다. 오직 대화의 주제에만 집중한다. 유대인의 이 특별한 논쟁 방식을 '하브루타havruta'라고 한다.

하브루타는 친구나 동료를 뜻하는 '하베르'에서 유래됐다. 유대인의 '친구'나 '동료'의 개념은 같은 성별, 같은 연령, 같은 계층이나 신분이라는 '형식'보다는 뜻을 같이 하고, 함께 대화를 나누는 '내용'에 가깝다. 할아버지와 손자도 서로 친구가 될 수 있다. 지구 반대편에 있는 사람과도 기꺼이 친구가 되어준다.

유대인은 어릴 적부터 유대교 경전인 탈무드를 접한다. 이때 쓰는 기법이 '하브루타'이다. 이스라엘은 하브루타 전통 문화 유산을 자국민의 모든 교육과정에 적용한다.

하브루타가 다른 교육방식과 가장 큰 차이점은 무얼까?

일반적인 교육방식은 질문이 있으면 답도 제시된다. 반면 하브루타는 답을 알려주지 않는다. 질문만 제시하고 서로 토론하는 분위기를 조성할 뿐 스스로 답을 찾게 한다.

인생엔 정확한 답이 없다. 질문이 있을 뿐. 어제의 답이 오늘의 의문이 되고 오늘의 답이 내일의 의문이 될 수 있다. 어제의 오답이 오늘의 답이 되고 오늘의 오답이 내일의 답이 될 수 있다.

"입문서가 흥미로운 건 답을 알 수 없는 물음에 끊임없이 생각하게 함으로써 그 물음 아래 밑줄을 그어주기 때문입니다. 지성이 스스로 해야 할 가장 중요한 일은 해답을 내 놓는 것이 아니라 중요한 물음 아래 밑줄을 긋는 일입니다."

다방면의 저서 50여 권을 집필한 도쿄대학교 종합문화학과 명예교수 우치다 타츠루는 『푸코, 바르트, 레비스트로스, 라캉 쉽게 읽기』에서 답을 찾는 것보다 인생 물음에 눈과 귀를 기울이라고 조언한다.

청중을 매료시키는
스티브 잡스의 프레젠테이션 법, 질문

스티브 잡스는 2007년 아이폰 출시 연설에서 청중에게 질문을 던졌다.

"우리는 왜 혁신적인 유저 인터페이스User Interface를 필요로 할까요?"

잡스는 이 신개념의 스마트폰을 소개할 때 모토로라Motorola, 블랙베리BlackBerry, 팜 트레오Palm Treo, 노키아Nokia 4가지 제조사의 스마트폰을 화면에 띄우고 아이폰의 UI가 이들과 확연하게 다른 것이 무엇인지 강조하기 위해 '질문'을 이어 갔다.

"이 제품들의 UI는 어떤 문제가 있을까요?"

잡스는 질문을 던지자마자 그가 생각하는 답을 제시한다. 그러면 어차피 처음부터 답을 제시하면 되지 왜 질문을 던지고 답을 말하는 '문답' 형식을 쓸까? 질문 없이 답을 처음부터 제시하면 프레젠테이션은 조금 짧아질 수는 있지만, 사람들은 발표자의 답을 일방의 주장으로 받아들이기 쉽다. 반면, 발표자가 질문을 던지고 잠시 생각하게 한 다음 주장을 제시하면, 마법처럼 그것을 답으로 생각한다. 발표자는 자신의 주장이 결코 정답이라고 말하지 않는다. 문답형식을 따를 뿐이다. 문답형식의 틀에 빠진 청중은 질문과 답이라는 2형식에 몰입된다.

잡스는 스크린에 나란히 있는 네 개 휴대전화 제조사의 자판이 얼마나 불편한지 맹공을 퍼부었다. 당시 휴대전화 자판은 액정화면 밑에 울퉁불퉁 튀어나온 키보드 자판을 가져다 놓은 형태였다. 한번 출시된 제품은 새 걸로 바꾸지 않는 이상 자판을 새로 쓸 수 없는 구조였다. 자주 쓰지 않거나 필요하지 않은 버튼이라도 늘 달고 있어야 했다.

잡스는 질문했다.

"지금부터 6개월이 지나서야 좋은 아이디어가 떠오르면 어떻게 하죠? 제품은 이미 출시가 되었는데, 버튼을 (하나하나) 추가해야 하나요?"

잡스는 이미 해결책을 가지고 있었다고 말하며 스크린에 매킨토시 바탕화면과 애플 마우스를 동시에 보여주었다. 그리고 다시 질문이 이어졌다.

"자, 그럼 이것을 어떻게 모바일 디바이스로 옮길까요?"

화면은 다시 액정화면 밑에 투박하게 달린 버튼이 있는 한 대의 모토로라 휴대폰으로 바뀌었다.

"우리가 한 일은 단지 이 버튼들을 모두 없앤 대신, 커다란 스크린을 단 것뿐입니다."

잡스가 마치 '대단한 일'을 한 게 아니라는 듯 천연덕스럽게 말하자 지금껏 본 적 없는 신개념 스마트폰이 스크린에 등장했다. 감탄하는 소리가 여기저기 쏟아졌다. 잡스는 다시 한 번 질문을 이어갔다.

"자, 그럼 어떻게 조작할까요? 마우스를 들고 다닐 순 없을 텐데요. 그렇죠? 이젠 어떻게 해야 할까요? 스타일러스 (펜)가 있겠군요. (청중의 웃음소리) 아닙니다. 누가 스타일러스를 원하겠어요? 꺼냈다가 (다시) 집어 넣고, (그러다) 잊어버리고…."

잡스는 질문으로 궁금증을 유발시키며 말했다.

"우리는 세상에서 가장 훌륭한 포인팅 디바이스를 사용할 것입니다. 그것은 우리가 태어나면서부터 가지고 있는 것이죠. 10개나 가지고 있습니다. 바로 손가락입니다. 손가락으로 (액정화면에) 터치를 합니다."

잡스는 이제 더 이상 스타일러스가 필요 없을 거라고 힘주어 말했다. 잡스는 '혁신적 유저 인터페이스'를 계속 틈틈이 언급하며 맥 운영체제인 OS X를 아이폰에 넣었다고 말하며 질문했다.

"왜 정교한 OS를 모바일 디바이스에 넣었을까요? 그것은 우리가 원하는 모든 것을 가지고 있기 때문이죠."

스티브 잡스가 프레젠테이션에서 하는 질문은 청중으로부터 직접 답을 듣기 위해서가 아니다. 단지 문답 형식을 띤 것뿐이다. 질문 없는 프레젠테이션은 아무리 달변가라도 지루함을 줄 수 있다. 청중은 발표자의 얘기일 뿐 '나의 얘기'라는 느낌이 들지 않기 때문이다. 이것을 스티브 잡스는 문답 형식으로 극복한다. 청중은 발표자의 얘기에 주의를 기울이게 되고 그렇게 '한통속'이 되어 간다.

혁신가의 일하는 방식

신개념 브래지어 에브린&비비Evelyn&Bibbie는 실리콘밸리 IT 기업 출신 여성 엔지니어와 디자이너가 만든 브랜드이다. 에브린&비비는 뉴욕타임즈와 패션 매체로부터 2017년 의류 부분 혁신 아이디어로 선정되었다. 에브린&비비가 일반 브래지어에 비해 '없는' 것은 무엇일까? 당연히 있어야 할 브래지어 끈, 와이어, 후크Hook가 없다. 심지어 사이즈도 없다. 그동안 어깨 끈이 흘러내리는 것은 당연하거나 다시 올리면 되는 대수롭지 않은 '문제'. 하지만 이들은 '대수롭게' 여겼다.

"왜 어깨 끈이 흘러내릴까?"
"어깨 끈을 흘러내리지 않게 하는 방법이 없을까?"

어깨 끈이 흘러내리는 이유는 가슴에 꼭 맞지 않아 공백이 발생하기 때문에 흘러내리는 것. 또는 끈이 헐거워진 것도 원인이 될 수 있다.

"왜 끈이 꼭 필요하지?"

"브래지어가 흘러내리는 걸 방지하려고…."

"그럼 브래지어를 흘러내리지 않게 하려면 꼭 지금과 같은 방식의 끈이 있어야 할까?"

"가슴에 딱 맞는 브래지어라면 끈이 없어도 흘러내리는 걸 방지할 수 있을 것 같은데…. 브래지어 착용시 남는 공간이 없도록 밀착해 가슴을 감싸준다면 흘러내림을 방지할 수 있지 않을까?"

"뒤로 끈을 잠그는 건 불편하지 않을까? 그렇다면 앞에서 잠그게 하면 어떨까? 그럴 경우 디자인이 미려하지 않아 예뻐 보이지 않으면 어떻게 하지?"

"잠금 기능을 하는 금속 소재를 잘 보이지 않게 숨기거나 천과 같은 소재로 만들면?"

당연했던 불편에 의문을 제기하자 세상에서 브래지어만큼 변하지 않고 과거에 오래도록 머물러 있던 제품이 없었다.

이제 신개념 혁신가들은 이렇게 질문한다.

"남들이 한 번도 품지 않았던 질문은 무엇일까?"

주유소의 공식을 깨다

"얼마나 넣어드릴까요?" 고객에게 건네는 퉁명스러운 첫 마디.

"가득이요", "3만원 어치요"

뒤 따라오는 판에 박힌 멘트. 하나같이 불친절한 직원들. 아무렇게나 걸친 옷과 때 묻은 차림새, 진동하는 기름 냄새까지.

주유소라 하면 자동으로 떠오르는 일상 풍경이다.

과연 주유소라서 어쩔 수 없는 걸까?

이를 '문제'로 인식한 현대오일뱅크는 질문을 던졌다.

"어떻게 하면 고객이 어쩔 수 없이 주유소에 오는 것이 아니라, 오고 싶어서 오도록 할 수 있을까?"

현대오일뱅크 A점은 경력단절여성을 소장으로 영입해 1년여 만에 매출을 2배 가까이 올리며 고객경험을 획기적으로 바꾸는 데 성공했다.

문제해결 비결은 고객관점의 불편해소에 초점을 맞춘 것. 주유소 주위를 화사한 화단으로 둘러싸고, 천정은 LED 조명으로 어둡던 분위기를 밝게 바꾸었다. 기름 냄새를 제거하기 위해서 비가 오는 날엔 중성세제로 바닥을 깨끗이 세척했다. 식상하고 무뚝뚝한 고정 멘트는 "사랑합니다. ○○ 주유소입니다."로 바꾸어 친근감을 실었다.

기존엔 한 명이 주유하고 결제하느라 허둥대던 것을 2인 1조로 결제와 주유를 분담해서 신속하고 깔끔히 마무리하며 고객 대기시간을 단축했다. 칙칙한 숙소에 곰팡이 낀 에어컨은 새 것으로 교체, 깔끔하게 유니폼까지 교체하여 직원들 기분을 자연스럽게 북돋았다. 고객을 대하는 직원의 서비스마인드 고취를 위해 복지강화 차원에서 4대보험 가입, 연차 사용, 퇴직금, 건강검진에 1인 1실 숙소 제공의 파격까지 더했다. 스스로를 바꾸자 고객인식도 바뀌었다. 매출 향상은 자연스럽게 따라왔다.

제6장

역전의 용사

재미있는 영화는 예외 없이 반전이 있다.

드라마틱한 성공담에도 반전이 있다.

좀처럼 뜻대로 되지 않는 현실에

그래도 포기하지 않고 희망을 갖는 이유는 무엇일까?

나도 언젠가는

'반전의 역전'을 할 것이라는 꺼지지 않는 믿음이 아닐까?

삶의 모토

스티브 잡스는 2005년 6월 12일 스탠포드대학 졸업식 초청연설에서 15분이라는 짧은 시간 동안 세 가지 이야기를 들려주었다.

첫째, 입양을 해야 했던 자신의 탄생 비화.

둘째, 그가 창업한 애플에서 해고당한 후 다시 애플에 복귀해 재기하기까지의 과정.

셋째, 죽음에 관한 이야기.

스티브 잡스는 17살 때 우연히 어떤 경구를 읽었는데, 그게 평생 자신의 신념과 행동에 영향을 주었다. 스티브 잡스는 그 문구를 청중들에게 소개해 주었다.

"매일 인생의 마지막인 것처럼 살아간다면 언젠가 당신은 올바른 사람이 되어 있을 것이다."

스티브 잡스는 그 후로 33년간 매일 아침 거울을 보면서 자신에게 물었다.

"오늘이 인생의 마지막 날이라면 지금 하고 있는 일을 (계속) 할 것인가?"

스티브 잡스는 연설을 이어나갔다.

"죽음을 떠올리는 것은 (동시에 이 질문을 하는 것이) 인생의 중요한 결단을 내릴 때마다 결정적으로 작용하였습니다. 외부의 기대감, 자부심, 수치, 실패에 대한 두려움조차 죽음 앞에선 다 떨어져 나가고 오직 진정으로 중요한 것들만 남기 때문입니다. 죽음을 기억하고 떠올리는 것은 무언가 잃을지 모른다는 두려움을 잊게 해 주는 가장 탁월한 방법입니다."

15분만에 성적을 올리는 상위인지 질문

정말 15분만에 성적을 올릴 수 있을까?

미국 스탠포드대학교의 사회심리학 교수 페트리샤 첸 Patricia Tsien은 통계학과 학생 50명을 선발, 두 개의 그룹으로 나누고 한 그룹만 15분 동안 설문조사를 했다. 설문은 시험에 관한 생각을 묻는 질문지로 구성되었다.

어떤 성격의 시험을 치를 것인지, 자신이 원하는 성적의 결과는 어느 정도이고, 왜 그 점수를 받아야 하는지, 출제될 문제는 어떨 거라고 예상하는지, 시험을 치르기 위해 주로 참고할 자료는 무엇인지, 왜 그 자료를 선택했고 어떤 방식으로 학습할 것인지 등을 물었다. 설문은 질문형식을 띠었지만 시험공부 전반의 틀을 잡아주는 역할을 했다.

설문을 마친 두 그룹의 시험결과는 어떻게 달랐을까? 놀랍게도 설문조사를 했던 그룹이 이전 성적보다 1~2단계 상승했다. B+를 받은 학생은 A 또는 A+ 성적을 받은 것. 반면 설문조사를 받지 않았던 그룹의 시험성적은 큰 변동이 없었다.

15분의 설문조사가 어떤 영향을 미친 걸까?

페트리샤 첸 교수는 이 짧은 설문이 학생들이 공부하는 목적을 스스로 생각하게 하고, 자신의 학습법을 되돌아보도록 하는 효과가 있다고 말했다. 실험심리학에서는 이를 '상위인지(metacognition)'라고 한다.

구소련의 교육심리학자 비고츠키(Lev Semenovich Vygotsky, 1896~1934)는 아동은 스스로의 힘보다 부모나 교사의 도움 같은 '환경'이 적절하게 조성될 때 능동적으로 인지발달을 꾀한다는 인지발달이론과 교육심리학 분야를 주로 연구했는데, 인간의 지능발달은 2가지 양상으로 나타난다고 주장했다. 하나는 무의식적으로 습득하는 형태, 또 하나는 주체적이고 의식적인 통제력을 발휘하여 습득하는 형태이다.

아직 완숙하지 않은 어린 시절에는 지식을 습득할 때 왜 그것이 필요한지, 자신에게 어떤 도움이 될지에 대해 잘 모른다. '생각 없이' 지식을 습득하는 형태이다. 그러다 커가면서 점차 배우는 지식에 대해서 의문을 품게 되는데, 그것이 왜 중요하고 나에게 의미가 있는지 생각하게 된다는 것. 무조건 막연히 받아들이는 것이 아니라 자신이 놓인 현실적 환경과 미래에 대한 꿈, 계획 등을 인지하면서 배워야 할 것과 배우지 않을 것을 구분하고 학습량이나 방식 등을 조정, '의식적으로 통제'하는 방식으로 인지한다. '상위인지 (metacognition)'로 세상을 대하는 것이다.

좀 더 쉽게 생각하면 이렇다. 반대로 '하위인지'란 말은 없지만 이해하기 쉽게 '상위인지'와 대비하자면, 지식을 이해하고 기억에 담는 기본 학습과정을 '하위인지'라고 하자. 반면에 어떤 지식을 배울지, 그것이 어떤 의미가 있는지, 언제 어떤 방식으로 습득할지를 사전에 계획하고 판단하는 '컨트롤타워Control tower' 역할을 하는 것이 '상위인지'이다.

페트리샤 첸 교수의 15분 설문실험에서 학생들의 꺼졌던 '상위인지'라는 불이 다시 켜지도록 한 것이 '질문지'이다. 닥치는 대로 학습하는 습관적인 방식과 잠시 10여 분만이라도 짬을 내서 계획적으로 공부하는 것의 결과 차이는 결코 작지 않다.

비단 공부뿐이겠는가? 일도 마찬가지다. 습관적으로 주어지는 대로 '생각 없이' 일하는 것과 왜 이 일을 해야 하는지, 이 일이 내게 어떤 의미를 주는지, 이 일을 통해서 나는 어떤 계획을 가지고 있는지 '생각하며' 일하는 사람의 5년 후, 10년 후의 모습은 확연히 다를 수밖에 없다.

"나는 왜 이 일을 할까?"

"돈을 벌기 위해서? 집세를 내기 위해서? 아니면 다른 무엇이 나를 일하도록 하는가?"

'상위인지'란 거창한 게 아니다. 누구나 한 번쯤 겪었을 사춘기 시절, 현실은 반항의 대상이요, 미래는 불안한 환상이었다. 이리저리 왔다갔다 방황했던 날들. 나만의 의미를 찾고 나만의 세계를 고민하면서 그때 던졌던 숱한 질문과 의문들. 그것이 '상위인지'가 아니고 무얼까? 그 질문과 의문들이 어느 정도 해소되었을 때 내딛는 한 발자국은 지난날의 열 발자국, 스무 발자국과도 비교할 수 없는 미래의 의미 있는 발걸음이 된다.

위기의 낭떠러지에서 기업을 살린 질문

고급 의류업계의 넷플릭스, 렌트 더 런웨이(RTR: Rent The Runaway)는 의류를 정가의 10~15퍼센트 할인가격에 대여하는 스타트업(2009년)이었다. 소비자의 숨은 욕구를 파고든 통찰한 덕에 회원수 수 백만 명, 직원도 수 백 명으로 늘며 성장했다.

하지만 창립 7년 째 위기가 찾아왔다. 창립 6년차에 일반직원들이 대거 회사를 이탈하기 시작하더니 이듬해 최고운영책임자(COO), 최고 재무책임자(CFO), 최고 마케팅책임자(CMO), 최고 기술책임자(CTO), 최고 인사책임자(CHO) 등 고위급 임원들까지 연달아 회사를 떠났다. 원인은 내부에 있었다. 직원들을 과도한 업무로 혹사시킨 것. 패션디렉터로 일했던 직원이 열악한 처우 환경을 꼬집은 『넉 오프』라는 소설까지 냈을 정도였다.

한때 미래가 촉망됐던 기업이 이젠 낭떠러지로 추락할 지경에 이르렀다. 그런데 상황이 역전되는 기적이 벌어졌다. 직원과 회원은 다시 늘었고 매출 1억 달러를 상회할 정도로 건실해졌다. 도대체 무슨 일이 벌어진 걸까? 어떤 특단의 대책이 회사를 기사회생하게 했을까?

그것은 CEO 제니퍼 하이만Jennifer Hyman의 질문에서 비롯되었다. 제니퍼는 자신의 통찰력을 발휘해서 근본 원인을 찾아낸 게 아니었다. 답은 직원들에게서 나왔다. 제니퍼는 단지 직원들에게 불만사항이 무엇인지 의견을 물은 것뿐이었다. 그렇게 해서 회사를 위기로 내몰았던 가장 큰 원인이 성과급을 차등 지급한 것이란 걸 알아냈다. 그녀는 바로 성과급을 없애고 대신 전 직원의 연봉을 25퍼센트 일괄 인상했다. 그밖에 휴직, 휴가, 교육 등 복지제도 차등을 대폭 완화하는 등 직원 개개인에게 혜택이 고루 미치도록 세심히 신경썼다.

만약 CEO 제니퍼가 직원들에게 의견을 묻지 않고 독단적으로 판단해서 해결방안을 모색했다면 어떻게 되었을까?

지위를 바꾸는 질문

면접에서 질문하는 사람은 면접관이다. 기업 회의에서도 질문하는 사람은 주로 상급자다. 질문하는 사람이 리더의 위치에 있다. 그런 의미에서 선생님보다 질문이 많았던 어린 시절엔 아이들이 리더였다. 하지만 그것도 잠시, 학년이 올라갈수록 입시와 경쟁의 환경에서 호기심은 사라지고 학습 기계가 되어 가며 질문도 사라져 간다.

나 또한 학창시절을 떠올려 보면 질문한 기억이 거의 없다. 그저 받아 적고 외우기에 바빴다. 대학에 들어간 후 전공과목 교실에서도 심지어 동아리 방에서도 질문은 없었다. 그때, 주어진 '일'에 바쁘기보다는 차라리 방황하고 고민하며 인생에 대한 진지한 질문을 했더라면 어땠을까? 보다 일찍 나에게 맞는 일을 찾지 않았을까?

1968년 멕시코 올림픽에서 높이뛰기 무명선수 딕 포스버리(Richard Douglas Dick Fosbury, 1947~)는 2.24미터의 세계신기록을 세우면서 금메달을 땄다. 그가 무명선수 생활에서 단박에 벗어나 일약 높이뛰기 스타가 된 계기는 무엇일까?

높이뛰기는 높이 뛰는 것 못지않게 안전을 위해서 착지할 때가 중요하다. 문제는 착지 지점에 충격완충제로 쓰인 톱밥. 아무리 얇고 잘게 잘려진 나뭇조각이라지만 높은 위치에서 떨어질 때의 충격을 효과적으로 완화시켜주진 않았다.

그래서 개발된 신제품이 고무로 만든 착지 매트였다. 이전보다 목이나 디스크 등 민감한 신체 부위가 닿는 곳이 훨씬 부드러워졌을 뿐 아니라 충격도 잘 잡아주었다. 이 변화를 감지한 딕 포스버리는 생각했다.

"이 착지 매트라면 이전보다 더 위험스러운 동작도 가능하지 않을까?"
"지금보다 더 높이 뛸 수 있는 다른 방법은 없을까?"
"왜 꼭 옆이나 앞으로만 넘어야 하지?"

이전에는 머리와 허리를 앞으로 숙이고 뛰어넘는 '정상적인' 방법으로 높이뛰기를 했었다. 그러다 딕 포스버리는 이와 정반대로 등 뒤로 허들을 넘는 '플롭Flop'이라는 신기술을 선보였던 것. 지역 언론은 딕 포스버리가 완전히 자세를 바꿔서 착지하는 모습을 보고는 선박 바닥에서 펄떡거리는 (금방 잡은) 물고기 같다고 조롱했다. 하지만 딕 포스버리는 자신이 개발한 '플롭'을 고수하며 올림픽에 출전, 보란 듯이 유력한 우승후보들을 제치며 금메달을 목에 걸었다.
　4년 뒤 열린 독일 뮌헨 올림픽에서는 40명의 출전 선수들 중 28명이 딕 포스버리의 플롭 방식을 썼다. 플롭은 1972년부터 2000년까지 36명의 올림픽 메달리스트 중 34명이 사용할 정도로 대세가 되었다. 지금은 모두가 플롭 방식만 사용한다.

인생을 장밋빛 인생으로 맞바꾼 질문

함께 입사한 동기들은 사람들을 잘도 웃겼지만 오종철은 무대에 한 번 서기도 어려웠다. 그는 남들처럼 유명 대학교 연극영화과를 나오지 않았다. 오종철은 친형에게까지 건설적인 개그를 하려고 대학에 들어간 거냐는 핀잔을 들은 공대 토목공학과 출신이다.

그는 자신에게 질문했다.

"나의 개그는 무얼까?"

고민 끝에 오종철은 개그란 '세상 사람들이 웃을 수 있게 해 주는 것'이라고 재정의했다. 기존의 개그는 '세상 사람들을 웃기는 것'이었다. 반면, 오종철은 여기서 한 발자국 살짝 물러나며 직접 사람을 웃기는 것보다 웃을 수 있도록 여건을 조성해 주는 '조력자' 역할을 하기로 생각을 바꾼 것.

그는 선택되지 않으면 단 10초도 출현하기 힘든 경쟁에 피 말리는 개그계를 일찌감치 떠나 자신만의 온리원 '오종철의 토크쇼'를 창안했다. 반응이 제법 몰려오기 시작하자, 그의 '쇼' 행보가 이어졌다. 강연과 공연을 결합한 '드림 스테이지', 꿈의 소통 무대 '나꿈소', 꼴찌들의 통쾌한 승리 '꼴

통쇼', 액션보다 리액션에 초점을 둔 '리액터스 쇼' 프로그램 진행자로 맹활약을 지속하고 있다. 오종철은 자신의 성공 비결과 철학이 담긴 온리원이란 책도 지었다.

선견지명이었을까? 불과 몇 년 전까지만 해도 안방 시청자들을 독차지했던 개그 프로그램이 지금은 없어져 그때 인기를 구가했던 개그맨들은 뒤늦게 일자리를 찾아 뿔뿔이 흩어졌다. 반면, 일찍부터 다른 길을 찾았던 오종철은 이미 자신만의 세계를 구축한 인기 명강사이자 토크쇼 진행자로 나날이 입지를 높이고 있다.

리더를 키우는 질문

애드 아스트라

애드 아스트라Ad Astra! 학교가 정작 필요한 것은 가르치지 않는다고 생각한 엘론 머스크(Elon Musk, 1971~)가 2014년 다섯 명의 자녀가 다니던 사립학교를 그만두게 하고 보낸 비밀 둘러싸인 학교이다.

SF 스릴러 우주영화의 제목과 동명인 애드 아스트라는 라틴어로 '별을 향하여'란 의미다.

이 학교는 알려진 게 거의 없다. 공식 웹사이트 주소, SNS 계정, 전화번호, 직원과 교사에 대한 정보도 공개되지 않은 채 학생들은 학년 구분도 없이 한 곳에서 같이 배운다. 그나마 민간우주선 개발을 주도하는 미국의 우주연구 후원단체인 X프라이즈X-Prize 재단의 회장 피터 디아맨디스(Peter Henry Diamandis, 1961~)가 미국의 대표적인 온라인 블로그 뉴스 허핑턴 포스트The Huffington Post를 통해 기고한 내용만이 일부 알려져 있다.

허핑턴 포스트에 따르면 애드 아스트라는 윤리 의식을 중요하게 여기며, 교육은 주로 스티브 잡스가 애플의 모든 기술과도 맞바꿀 생각이 있다고 말했던 소크라테스의 문답법 형태로 이뤄진다. 학생들은 미래 언젠가 마주하게 될 현실의 여러 가상 시나리오를 토론한다.

가령 학생들은 이런 질문을 받는다.

"시골 마을에 공장이 있다. 마을 모든 사람들은 이곳에서 일한다. 그런데 공장에서 방출하는 폐기물로 호수는 오염되고 생명체들은 죽어가고 있을 뿐이다. 공장문을 폐쇄할 경우 사람들은 실업자가 된다. 그럼 어떻게 문제를 해결할 수 있을까?"

학생들은 주어진 상황의 문제를 토론하며 해결점을 모색하는 '수업'을 스스로 한다.

프랜시스 헤셀바인 리더십 연구소

피터 F. 드러커 비영리재단과 리더를 키우는 리더십 전문 연구기관인 프랜시스 헤셀바인 리더십 연구소(The Frances Hesselbein Leadership Institutue)를 창립한 프랜시스 헤셀 바인(Frances Hesselbein, 1915~)은 명예박사 학위만 20여 개를 가지고 있고, 전국 기업인 여성 상, 미국 걸 스카우트 상, 케네디 대통령 기념단체 풀브라이트 뉴질랜드(Fulbright New Zealand) 상, 템포 인터내셔널Tempo International 리더십 상 등 수십 여 개의 상을 받을 만큼 실력을 인정받는 여성 리더이다.

프랜시스 헤셀바인은 리더에겐 4가지 역량이 있어야 한다고 말한다. 그녀의 리더 상象은 무엇일까?

첫째, (열정을 다하는) 봉사심
둘째, 경청
셋째, 질문할 용기
넷째, 포용정신

이 중 셋번째, '질문할 용기'가 독특하다. '질문하기'가 아닌 '질문할 용기'는 어떤 의미를 내포할까? 어떤 일이든 크고 작은 용기가 필요하다. 목숨을 내걸고 적군과 대항해 싸우는 용기, 실패를 딛고 다시 시작하는 용기, 미움 받을 용기, 비난을 견디고 소신을 다하는 용기 그리고 사랑 고백에도 용기가 따른다.

이에 비하면 질문할 용기는 작아 보인다. 하지만 질문에도 용기가 필요하다. 특히 지위가 높거나 권위, 명예가 높은 사람일수록 질문하는 데 용기가 필요하다. 한창 배우는 학생, 입사한 지 얼마 되지 않는 신입사원, 새로운 일을 시작한 사람 등 어떤 분야에 입문한 지 얼마 안 되는 사람이 질문하는 것을 사람들은 당연하게 생각한다. 그런데 어떤 분야의 전문가나 거장, 장인 또는 기업 임원, 이사 등 권위 있는 위치에 있는 사람들이 질문을 하면 사람들은 이를 의아하게 여긴다. 그런 기대감이 이들이 질문할 자유를 옥죈다.

'질문하면 권위가 내려가는 게 아닐까, 질문하면 모르는 게 탄로나 부끄럽지 않을까?' 하는 마음이 질문을 하지 못하게 만든다. 그래서 리더일수록 질문할 때 용기가 필요한 것이다.

이 점을 프랜시스 헤셀바인은 잘 알았다. 아무리 권위를 인정받는 리더라도 질문하지 않으면 새로운 사상, 새로운 기술, 새로운 트렌드를 배울 수 없다. 배움은 졸업장을 받음과 동시에 끝나지 않는다. 오직 물음표만이 배움의 길로 인도한다.

질문의 기술

질문능력을 키우기 위해서는 무엇을 준비해야 할까?

이젠 질문에 답을 잘하는 것 이상으로

질문 능력을 키우는 것이 요구된다.

질문에도 도道가 있다.

상대의 기분을 상하지 않게 하면서도

핵심을 파고드는 질문으로 원하는 것을 얻을 수 있는

질문능력은 답이 넘치는 세상에서 가져야 할 필수과목이다.

7장
질문의 질문

질문의 질문!

질문을 외면하는 것은 문제를 회피하는 것이지만,

문제에 매몰되면 문제라는 미로에 갇히게 된다.

그럴 때 필요한 기술은 문제의 재정의이다.

문제에 대해 문제를 제기하는 것.

문제를 나의 관점으로 재해석해서 상대가 작업해놓은

함정을 벗어나는 것이 재정의의 기술이다.

질문의 재정의

"파이 반쪽을 정확히 둘로 나눠서 둘이서 먹으려면 어떻게 해야 할까?"

질문 자체에 매몰되면 파이 반쪽을 어떻게 나눌지가 관건이다. 여기서 질문을 살짝 재구성해본다.

"파이 반쪽 대신 파이 반쪽을 더 구해서 둘이 반을 먹을 수 있는 방법은?"
또는
"파이 반쪽을 어떻게 하면 '잘' 나눌 수 있을까?"

'정확히' 나누는 것과 '잘' 나누는 것은 다르다. 꼭 반반이 아니라도 상대의 동의를 얻고 나누는 양을 달리 할 수도 있다. 파이에 쓰인 재료들을 잘 배분해서 적절히 나눌 수도 있다. 나누는 사람과 고르는 사람을 다르게 설정하는 식의 해결책이 나올 수도 있다.

질문은 사고의 틀을 정할 뿐 아니라 결과에도 영향을 미친다. 질문에 따라 사고의 관점이 바뀐다. 질문이 관점을 디자인한다.

Q & Q(Question & Question)

먹고 싸다.

묻고 OOO

질문 : OOO에 들어갈 말은?

위 질문에 대부분 '답하다'라고 생각할 것이다. 하지만 답하는 것만이 답일까? '묻는다'가 답이 될 순 없을까?

'질문하고 답하다.' 영어로 Question & Answer, 줄여서 QA이다.

질문에 응하는 형태는 답변 또는 침묵이라고 생각할 수 있지만, 질문에 질문으로 응하는 것도 방법이 된다. 이름 하여 Question & Question, 줄여서 QQ.

일본 최고의 독서 고수 또는 독서의 신이라 불리는 마쓰오카 세이고는 매일 밤 책 한 권을 읽고 웹에 감상문을 올리는 프로젝트 '센야센사쓰'를 5년 이상 지속, 벌써 1500회를 넘겼다. 센야센사쓰는 7권의 책으로도 엮여져 나왔다.

어느 날 마스오카 세이고는 일본을 대표하는 과학 철학자로 즈지 시에 사는 70세 넘은 시모무라 도라타로의 집에 방문했다. 레오나르도 다빈치에 관한 원고를 의뢰하러 간 것. 역시 지성인답게 서재와 응접실은 책으로 가득했다. 마쓰오카 세이고는 책이 주는 진중한 분위기에 매료된 채 시모무라 도라타로에게 물었다.

"선생님은 언제 이 많은 책들을 읽으셨습니까?"
잠시 침묵하더니 시모무라 도라타로는 대답 대신 질문을 던졌다.
"그대는 언제 식사를 하지?"
마스오카 세이고는 한동안 할 말을 잃었다.

석가가 영산靈山 설법에서 아무 말 없이 꽃을 들자 제자 가섭迦葉이 석가의 뜻을 알았다는 데서 유래한 선문답禪問答. 여기서 석가의 '꽃을 든 행위'와 가섭의 '무언의 인지' 중 무엇이 더 고단수일까?
우열을 가리기는 어렵다. 서로 수준이 맞았을 때 각자 행위가 '의미'가 될 뿐이다. 말하지 않고 상대에게 신호를 보냈을 때 상대가 그 의미를 알고 행동을 보인다면 다행이지만 그렇지 않을 경우는 소통장애로 이어진다. 그럴 땐 차라리 말로 질문하는 게 낫다.
상대방의 지적 수준이나 고민 또는 관심사항을 알고 싶은가? 그럼, 그 사람이 어떻게 질문하는지를 보라.

질문을 위한 질문

"나는 아무리 노력해도 질문이 안 나와요."

질문하는 게 어려울 수 있다. 난감한 경우가 질문할 게 없는데 질문하라고 '강요'할 때이다. 최상은 자연스럽게 질문이 떠오르는 경우. 그런 '경지'에 오르려면 선입관이 차지한 자리에 호기심을 채우면 된다. 궁금한 게 없고 흥미와 관심이 없으면 질문은 나오지 않는다. 그럴 때 필요한 게 '질문을 위한 질문'이다. 당장 질문이 떠오르지 않아도 의도적으로 질문을 '만드는' 일이다. 그렇게 의도적으로 질문을 하다 보면 질문습관이 붙는다.

'질문을 위한 질문'은 앞으로 나올 '질문의 상호 변경법'에서도 소개되겠지만, 간단히 언급하면 모든 평문에 의문사를 맨 앞에 가져다 붙이면 된다.

새가 난다.
>> 왜 새가 날까?
>> 어디로 새는 날까? 새는 어떻게 방향을 감지하며 날까?

게임을 한다.
>> (사람들은) 언제 게임을 할까?
>> (사람들은 주로) 어디서 게임을 할까?

'질문을 위한 질문'법을 바로 다음에 소개한다.

관점을 바꾸는 질문

어떻게 하면 빨리 도달할 수 있을까?
어떻게 하면 고객의 입맛을 사로잡을 수 있을까?
어떻게 하면 내가 원하는 기업에 취업을 할 수 있을까?

HMW : How Might We
"어떻게 하면 ~ 할 수 있을까?"

70년대 P&G에서 개발한 이 질문 기법은 세계적 디자인 회사 IDEO에서도 활용하고 구글의 스타트업 초단기 문제 해결 도구 '스프린트'에서도 쓰는 기법이다. 산적한 문제와 현상들을 포스트잇에 적고 화이트보드에 붙여 놓은 후 우선 순위별로 가지치기를 하여 정리하면서 사업기회로 바꾸는 작업이다.

가령, '현상'이 있으면 이를 '질문'으로 바꾸는 작업이다.

현상 : 병원 응급실이 늘 붐벼서 대기 환자의 불만이 높다.
질문 HMW : 어떻게 하면 응급실 대기 환자의 대기 시간을

줄일 수 있을까?

　이렇게 평문을 질문으로 살짝 바꾸기만 해도 문제를 기회의 관점으로 바라볼 수 있다. 단, 이 질문법은 '실행 방법'을 도출해내고자 하는 목적이지 문제의 근본 원인을 밝히는 것은 아니다. 대기 환자의 불만이 반드시 대기 시간이 길기 때문만은 아닐 수 있다. 'HMW' 질문법은 그 자체로도 의미가 있으나, 'Why'형 질문이 보다 근원적인 질문이다.

　현상 : 병원 응급실이 늘 붐벼서 대기환자의 불만이 높다. 이것을 Why 질문으로 바꿔본다.

　"왜 병원 응급실은 늘 붐빌까?"
　"왜 대기환자의 불만이 높은 걸까?"

　응급실이 붐비는 이유는 응급실 크기가 작거나, 주변에 응급실이 있는 병원이 없거나, 응급 치료를 능숙하게 하지 못하기 때문일 수도 있다. 대기 환자의 불만이 높은 것은 대기 시간뿐만 아니라, 냉방이 원활치 못해서 불쾌지수가 높아지거나 대기 시간을 무료하지 않게 보낼 수 있는 TV나 책자 등이 구비되지 않아서 일 수도 있다. 이렇게 'Why 질문'을 하면 'HMW의 답'은 이미 해결 단계로 넘어가게 되어 있다.

옥스퍼드 대학의 입학 면접 질문

옥스퍼드 대학교(University of Oxford)와 캠브리지 대학교 (University of Cambridge)를 합해서 부르는 '옥스브리지Oxbridge'는 입학생을 뽑는 엉뚱한 질문으로 유명하다. 옥스브리지는 어떤 질문으로 학생들을 당황하게 만들까?

케임브리지 대학교를 나온 존 판던John Farndon이 쓴 『옥스브리지 생각의 힘』에 소개된 질문 일부를 소개한다. 독자 여러분도 수험생이 되었다고 가정하고 답을 생각해보자.

〈자연과학 분야〉
- 물 한 잔에는 얼마나 많은 분자가 있을까요?(케임브리지)
- 지구는 어느 방향으로 돌죠?(케임브리지)

〈경제/경영학 분야〉
- 록 밴드의 마케팅 방안을 구상해 보세요.(옥스퍼드)
- 순간이동 기계에 대해 어떻게 생각하나요?(옥스퍼드)

〈법학 분야〉
- 전구 사용에 관한 법률이 필요하다고 생각하나요? (케임브리지)
- 남편이 달걀에 오렌지 잼을 발라서 먹는 게 이혼 사유가

됩니까? (케임브리지)

〈생명과학 분야〉
-왜 인간의 눈은 두 개일까요? (옥스퍼드)

〈영문학 분야〉
-꼭 이해하기 어려워야 훌륭한 시일까요? (옥스퍼드)
-샬롯 브론테가 제인 오스틴을 그토록 싫어한 까닭은 무
  엇일까요? (케임브리지)

이들의 공통점은 질문이 짧다는 것. 어떤 상황이나 배경
설명이 없고 짧은 질문이 툭 주어진다. 질문이 길면 그만큼
상대방에게 정보를 주는 것이므로 말을 아끼는 전략이다.
그럴수록 응시자의 수준이 적나라하게 드러난다. 질문은 짧
고 답변은 길 수밖에 없는 구조이다. 정답이 정해져 있는 것
은 아니다. 구하려야 구할 수도 없다. 다만 이와 유사한 질문
을 만들어 평소 연습하는 수밖에 없다. 질문을 잘 보면 단순
히 지식을 묻는 것처럼 보이지만 그것은 기본이고 결론이 어
떻게 나오게 되었는지 논증하는 게 관건이다. 가령, 자연과
학 분야의 질문, '지구는 어느 방향으로 돌죠?'는 누구나 답
할 수 있다. 하지만 거기에 그치면 옥스브리지 문제가 아니
다. 옥스브리지는 외워서 풀수 있는 문제를 내지 않는다. 평

소 의문을 품고 질문하며 원리를 알려고 노력했던 사람이 풀 수 있는 문제들만 골라서 낸다. 깊은 사고 없이 대충 흘려 얻은 지식으로는 옥스브리지 관문을 통과하긴 어렵다.

틀을 깨는 면접법

최근 블라인드 채용을 두고 공정한 기회인지 눈먼 채용인지 논란이 되고 있다. 그간의 면접 관행이 급격하게 바뀌니 나타나는 자연 현상이다. 혁신은 언제나 초기에 저항을 불러온다.

새로운 면접 방식은 신생 회사나 창의적 문화를 가진 기업들이 종종 시도한다. 틀을 확 깨는 면접법에는 어떤 것이 있을까? 필자는 역발상을 발휘해서 응시자가 면접관에게 거꾸로 질문하는 것을 제안해본다.

그럼 어떤 현상이 벌어질까? 면접관은 응시자의 질문에 꼭 답을 할 필요는 없다. 단지 질문의 수준을 평가하면 된다.

"왜 그런 질문을 생각하게 되었나요?"
"좀 더 구체적인 질문으로 바꾼다면 어떻게 할 수 있죠?"
"질문을 통해서 얻고자 하는 것이 무엇이죠?"

아마도 질문에 질문이 꼬리에 꼬리를 물고 이어질 것이다. 그럼 자연스럽게 질문의 중요성이 세상에 알려질 것이고 질문하는 법에 관심을 가지고 공부하게 되지 않을까? 질문 부재의 사회가 질문 홍수의 사회로 바뀐다면 그만큼 질문 주제에 대한 사회적 관심도 높아지지 않을까?

8장
Before Question

이제 본격적으로
'질문력'을 키우기 위한 워밍업에 들어가고자 한다.
일의 완결은 충분한 준비에서 비롯된다.
흙이 있어야 나무를 세울 수 있듯이
'질문력'이라는 나무가 성장하려면
기본적으로 갖춰야 할 덕목이 있다.
기술이 아무리 뛰어나도
기본 방향이 바로 서지 못하면 헛물이 되기 쉽다.

밑밥이 있어야 고기를 낚는다

단지 질문을 던지는 데 그치지 않고 질문의 답을 통찰할 수 있으려면 질문과 관련된 배경지식을 알아야 한다. 그래서 독서를 많이 하는 사람이 질문도 잘한다.

가령, 사드배치 문제에 대해서 공자, 맹자, 한비자, 베이컨, 데카르트 입장에서 각각 논하라는 질문이 나온다면 어떻게 답할 것인가? 추가로 자신은 어느 쪽 견해에 가장 근접한지 묻는다면?

이 질문은 청자聽者가 공자부터 데카르트까지 선자들이 주창한 중심사상의 이해를 전제로 하면서(지식의 확인) 개인의 의견(판단의 확인)까지 겸해서 묻는 수준 높은 질문이다.

질문은 2가지 종류가 있다. 몰라서 알기 위해 하는 질문이 있고, 아는 것을 확인하는 질문이다. 내가 아는 것을 상대가 얼마나 잘 알고 있는지 판단하려면 내가 상대보다 더 잘 알아야 한다. 그래야 상대의 수준을 가늠할 수 있다. 지식의 세계를 넓히는 데는 독서만한 것이 없다. 독서법은 작가 오프리의 『뷰티 인 리딩』과 필자가 쓴 『독하게 독하라』를 참고하면 좋을 듯하다. 밑밥도 없으면서 고기를 낚을 수는 없다. 밑그림이 있어야 덧칠할 수 있다. 좋은 질문을 할 수 없으면 좋은 결과도 기대하기 어렵다.

질문을 늘 하는 게 좋을까?

늘 질문을 달고 사는 게 꼭 좋은 건 아니다. 남에게 질문하기 전에 먼저 충분히 스스로 생각하는 게 우선이다. 여러 가지 추론, 가정, 예측을 해봐야 한다. 스스로 수고스럽게(?) 생각도 않고 쉽게 입에서 질문이 나오면 답을 쉽고 빠르게 찾을지는 모르나 사고력 향상에는 도움이 되지 않는다. 문제를 풀지 않고 답부터 찾아보는 것과 같다.

질문하기를 주저 않고 쉽게 하는 사람이 빨리 배우고 잘 적응할 수는 있지만, 리더에게 필요한 깊은 사고력과 통찰력은 형성되지 않는다. 남에게 질문하기 전에 반드시 먼저 나에게 질문하라.

질문으로 바꾸는 습관

다음은 명제 '사람은 생각하는 동물이다.'를 질문으로 바꾼 것이다.

사람은 왜 생각하는가?
사람만 생각할 줄 아는가?
사람이 생각을 안 하게 되면 어떻게 될까?

사람이 생각을 많이 하면 무엇이 좋은가?

생각하는 법이 따로 있을까?

단순한 명제 하나도 수많은 질문으로 바꿀 수 있다. 고정 관념을 깨는 효과적인 방법이 기존의 명제, 명언, 진리, 규칙, 방식 등을 질문으로 바꿔보는 것이다.

이번엔 명언을 질문으로 바꾸는 연습이다.

'큰 물고기는 큰물에서 놀아야 한다.' (영어 명언)

큰 물고기로 작은 물에서 살면 어떨까?

작은 물고기일수록 큰물에서 놀아야 하지 않을까?

큰물에서 노는 물고기는 클 물고기여야 하지 않을까?

질문은 평문이 가질 수 없는 에너지가 있다. 질문은 고요한 호수에 물결을 일으키는 파동이요, 잠자는 내 안의 사자를 일깨우는 바람이다.

질문의 도道

세상엔 여러 길이 있다. 남들이 지나온 길, 아직 가지 않은

길. 처음 낸 길도 사람들이 많이 다니다 보면 대로가 된다. 도로를 통행하려면 교통법규를 지켜야 하는 것처럼 질문도 나름의 법도가 있다.

질문을 꼭 입 밖으로 내야 하는 건 아니다. 때론 침묵이 금이다.

먼저 상대의 마음을 헤아릴 줄 알아야 한다. 상대에 상처가 될 질문은 피해야 한다.

질문 형식을 띤 비난은 질문일까? 비난일까?

"뻔히 안 될 게 보이는데 왜 그 일을 끝까지 밀어붙였죠?"

이건 질문이라기보다는 질책과 상대의 자책을 동시에 일으키는 비난에 가깝다. 질문도 격이 있다. 생산적인 질문은 약간의 불안감과 긴장감을 동반하며 분발심을 불러일으킬 순 있으나, 채찍을 든 질문은 상대에게 모멸감, 좌절, 반발심을 불러일으킨다.

"당신은 그것밖에 안 되는 사람이군요."

"당신 그것밖에 안 되는 사람이었어요?"

어느 말이 더 상처를 주는 말일까?

첫 번째 말은 화자의 일방적 관점이지만, 두 번째 질문은 화자의 생각을 상대에게 각인시켜 확답까지 받아내려는 독한 말이다. 이런 경우의 질문은 상대에게 상처를 입힌다.

질문을 어떻게 쓰느냐에 따라 약이 되기도 병이 되기도 한다. 잘 가려서 써야 한다.

9장
Question Skill

질문에도 크고 작은 기술이 있다.

알고 나면 실생활에 도움이 되는

작은 질문부터 인생의 방향을 바꾸는 큰 질문까지

질문이 끼치는 영향력은 무궁무진하다.

기술은 눈으로 본다고 얻어지는 게 아니다.

실습이 필요하다.

하루에 한두 가지만이라도 테스트해보길 권한다.

개방형 질문과 폐쇄형 질문의 상호 변경법

답변 형식에 제한이 없는 개방형 질문과 단답형 답을 요구하는 폐쇄형 질문을 상호 변경하는 방법은 무엇일까?

먼저 개방형 질문을 폐쇄형 질문으로 바꾸는 법이다.

간단하다. 의문사를 뺀다.

예) 왜 학교에 가니? → 학교에 가니?

　　왜 일을 할까요? → 일 하세요?

　　어떻게 생각해요? → 생각하고 있나요?

이번엔 반대로 폐쇄형 질문을 개방형 질문으로 바꾸는 법이다.

역시 간단하다. 의문사를 더해 준다.

예) 학교에 가니? → (언제, 왜, 어떻게, 어느...) 학교에 가니?

　　일 하세요? → (언제, 왜, 어떻게, 무슨...) 일 하세요?

　　생각하고 있나요? → (언제, 왜, 어떻게, 무슨...) 생각하나요?

비즈니스 질문 통찰법

현대 경영학의 창시자 피터 드러커의 5가지 간단한 질문은 비즈니스 모델을 세울 때 놓치는 부분이 없도록 틀을 잡아준다.

1. 미션은 무엇인가?
2. 고객은 누구인가?
3. 고객가치는 무엇인가?
4. 결과는 무엇인가?
5. 계획은 무엇인가?

"왜 이 사업을 하는가?"라는 질문이 빠져 있는 것처럼 보이지만, 1번 질문에 포함된 것으로 볼 수 있다. 특히 4번 '결과는 무엇인가?'가 5번 '계획은 무엇인가'보다 먼저 나온 것이 의미심장하다. 보통은 계획을 세우고 아웃풋 이미지Output Image를 제시하지만, 피터 드러커는 결과를 먼저 떠올리고 계획을 맨 나중에 묻는다. 별 차이 없는 것 같지만 이 순서는 큰 의미를 담고 있다. 사업을 할 땐 계획을 세우기 전에 사업을 통해 얻는 결과를 먼저 상상하고 나서 실천 방안을 세우라는 의미다.

그렇다면 계획을 먼저 잡고 결과를 상상하는 것과 무엇이

다를까? 계획을 먼저 잡으면 계획에 사로잡힌 결과를 떠올리기 쉽다. 하지만 결과를 먼저 떠올리면 제약이 개입될 여지가 줄어든다. 상상한 결과가 원대할수록 뒤에 따르는 계획도 그에 걸맞게 따라간다. 계획해서 그 결과를 상상하는 것과 결과를 상상하고 계획을 세우는 것은 이렇게 큰 차이가 있다. 피터 드러커의 5 Question은 질문의 내용도 내용이지만 4번 → 5번순으로 질문하는 '순서'도 중요하다는 것을 일깨워 준다.

비즈니스를 통찰하는 다른 고전적 방법으로 AIDA가 있다.
전통적인 고객행동 이해 경로인 AIDA는 4단계로 되어 있다.

Awareness → Interest → Desire → Action

고객이 제품이나 서비스를 인지(Awareness)한 후 흥미(Interest)를 느끼면 가지고 싶고 써보고 싶은 욕망(Desire)이 생겨 행동(Action)으로 나타난다는 모델이다.

시대 변화에 따라 AIDA의 수정 경로 모델 ADIA가 나왔다.

Acknowledgement → Dialogue → Incentivization → Activation

감사(Acknowledgement)의 마음이 담긴 기업 마케팅 활동은 고객이 기업과 대화(Dialogue)를 나눠서 얻은 좋은 경험을 지인과 나누도록 유도(Incentivation), 이 과정을 계속 활성화(Activation)한다는 모델이다.

켈로그 경영대학원 데릭 러커Derek Rucker 교수가 제안한 고객경로 수정모델 4A는 Aware → Attitude → Act → Act again. 고객이 브랜드를 인지(Aware)할 때 선호도(Attitude)에 따라 구매행동(Act)을 하는데, 만족할 경우 재구매(Act again)로 이어진다는 모델이다.

마케팅의 아버지로 불리는 필립 코틀러(Philip Kotler, 1931~)는 저서 『마케팅 4.0』을 통해서 4A의 고객 행동 수정 모델 5A를 주창했다.

Aware → Appeal → Ask → Act → Advocate

(마케팅 4.0 시대에는) 고객이 제품을 인지(Aware)할 때 호감(Appeal)을 느끼면 다른 사람의 평가를 확인하거나 제품을 적극적으로 탐색(Ask), 필요한 정보를 얻은 후 구매 행동(Act)을 결정하

고 만족할 경우 적극 옹호자(Advocate)가 된다는 모델이다.

여기서 주목할 점이 세 번째 단계 'Ask'로 기존의 고객 행동경로 모델에서는 볼 수 없었던 특징이다. 고객은 주변 평판을 확인하고 궁금한 사항을 콜센터에 전화해서 물으며 필요한 경우 매장에 방문, 적극적으로 의사를 타진하는 'Ask'를 거친다는 것. 'Ask'는 진화를 거듭하는 고객행동 모델의 상징이라고 할 수 있다.

하버드대 졸업생의 일과 성공에서 가장 중요한 것

"일과 성공에서 가장 중요한 것은 무엇인가?"

15년간 하버드대 졸업생 1600명을 대상으로 인터뷰를 한 리처드 라이트Richard Wright 하버드대 교수의 질문에 하버드대 졸업생 90퍼센트가 '글쓰기'라고 답했다.

하버드대 졸업생들이 말하는 글을 잘 쓰는 방법은 무엇일까?

첫째, 1대1 모임에서 구체적으로 질문할 것.

둘째, 같은 논평이 반복되면 질문할 것.

셋째, 구체적인 사례를 요청할 것.

넷째, 타인의 도움을 요청할 것.

다섯째, 수정에 필요한 전략을 요청할 것.

출처 : 『하버드 수재 1600명의 공부법』 리처드 라이트 저

다섯 가지 글쓰기 잘하는 요령의 1번, 2번이 '질문'이다. 글쓰기의 기본이 질문이라는 의미다. 질문이 나올 법하다. 왜 말하기가 아닌 글쓰기가 중요하지? 말과 글의 차이점은 무엇일까? 말하기와 쓰기는 모두 '표현' 능력이다. 듣기와 읽기는 학습의 '입력' 방식이다. 말하기는 표현하는 즉시 눈앞에서 사라지는 즉시성이 강하고, 쓰기는 표현하는 동안에도 계속 눈앞에 남는 보관성이 강하다. 표현하는 이의 생각을 깊이 있게 잘 들여다 볼 수 있는 것이 글이다. 한번 쓴 글은 기록으로 남겨지기 때문에 아무래도 조심스럽다. 생각과 시간 자원의 투여가 다를 수밖에 없다.

글쓰기는 질문에서 시작해서 질문으로 끝난다.

"어떤 글을 쓸까? 누구를 대상으로 할까? 남다른 차별점은 무엇으로 가져갈까? 잘못된 표현은 없는가? 보완할 내용은? 뺄 내용은? 어려운 문장은 없나? 식상한 표현은 없나? 읽힐까?"

글은 수많은 질문에 대한 생각들이 투여된 산물이다.

생각 폭을 2배로 넓혀주는 대조 질문법

좀 더 세련된 질문법은 무엇이 있을까?

생각 폭과 관점을 넓고 깊게 해주는 질문법으로 '대조對照 질문'이 있다.

대조 질문은 둘 이상의 비교 대상을 나란히 갖다 놓고 의미의 확산과 수렴을 동시에 꾀하는 질문이다.

'탐험할 것인가? 여행할 것인가?'

두 문장은 서로 팽팽히 대조를 이루며 탐험과 여행 각각의 의미를 생각하게 하는 동시에 어느 하나의 선택을 하도록 요청하고 있다.

"다가갈 것인가? 다가오게 할 것인가?"

역시 두 문장은 미묘한 단어 차이로 대조되어 의미가 양쪽으로 확산됨과 동시에 한쪽의 선택을 갈망하고 있다. 서로 반대되거나 성격이 다른 질문을 대치시켜 놓으면 묘한 긴장감을 불러일으켜 '생각'을 하게 만든다.

그림 1

그림 2

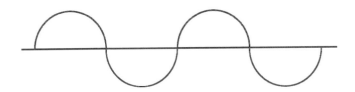

위 그림에서 첫 번째 그림이 한 문장으로 된 질문이라면, 두 번째 그림은 두 개의 대조 질문으로 이어진 문장에 비유할 수 있다.

두 번째 그림은 수학시간에 배웠던 사인곡선에 가깝다. 뭔가 에너지가 넘쳐 보이지 않는가? 사인곡선을 보면 위상이 상하로 바뀌며 진행하는 모습이다. 마치 롤러코스터를 타는 것처럼 극과 극을 오간다. 진폭이 첫 번째 그림의 두 배이다. 마찬가지로 대조 질문은 생각 진폭을 두 배로 넓혀준다.

오류를 방지하는 질문 & 일을 줄이는 질문

답을 알고 있는 (또는 그렇다고 기대되는) 질문을 해야 할 때는 언제일까?

몰라서라기보다는 재확인 목적의 질문이 있다. 단, 이 질문은 반드시 답이 따라야 한다. 내부 사정에 밝을수록, 오랜 기간 한 곳에 몸담을수록 '방심'이라는 오류 유발 씨앗이 보이지 않게 자란다. 이를 방지하려면 마치 내부 사정을 전혀 모르는 외부인처럼 질문하는 게 도움이 된다.

자가진단이란 게 있다. 질문 리스트에 답하는 체크리스트 형식이다. 이 형식이 쓰이는 이유는 사람들의 질문하지 않는 성향 때문이다. 질문지를 의도적으로 만들고 의도적인 노력을 통해서 스스로를 돌아보게 하는 것이 자가진단이다. 돌다리도 두드리며 방심하지 않으려는 것처럼.

리더는 점검 결과를 보고 받는 경우가 많다. 조직이 큰 경우 업무량이 늘게 된다. 바쁘다. 하지만 바쁠수록 하던 일을 멈추고 질문해야 한다. 비효율이 존재할 가능성이 크기 때문이다. 리더가 점검 결과를 매번 확인하기보다는 관리자에게 점검 여부를 물으면 어떨까?

리더의 일이 획기적으로 줄어들 것이다. 관리자도 이전보다 신뢰받는 느낌이 들지 않을까?

질문해야 한다. 사회생활 초년 시절, 내 직장 상사인 팀장이 이런 유형이었다. 그 팀장은 보고 받기 전에 먼저 내 자리로 찾아와서 몇 가지 질문을 하곤 했다. 궁금한 핵심 사항이 충족되면 보고서는 형식에 불과했다. 회의 전에 이미 중요한 점을 간파한 상태이니 술술 넘어갈 수밖에. 팀장은 수시로 질문을 통해서 업무를 파악하고 직원들의 문서작성을 '형식화'해서 일을 경감시켜 주었다.

반문反問

반문反問은 2가지 형식이 있다. 첫째, 질문에 질문으로 대하는 것과 둘째, 상대의 의견에 반하는 나의 의견을 질문 형식으로 바꿔 묻는 경우이다.

먼저 첫째, 질문에 질문으로 답하는 예이다.

어떤 제안의 공모 주제가 "오래 신을 수 있도록 내구성이 강한 신발을 디자인하시오."라고 했을 때, 의뢰에 너무 의존할 경우 창의적 해결방안이 막힐 가능성이 있다.

이럴 땐 "왜 내구성이 강한 신발을 원하는 걸까?" 되묻는 '반문'이 필요하다. 기획의도를 간파하면 전혀 다른 새로운 관점으로 문제해결의 실마리를 찾을 수 있다. 가령, 무조건

오래 신도록 만드는 것보다 잘 헤어지는 부분을 소비자가 직접 쉽게 새 부품으로 대체할 수 있게 고안할 수도 있을 것이다.

둘째, 상대의 의견에 나의 의견을 질문으로 바꿔 묻는 반문 형태이다.

대개 어떤 일을 스스로 만들어서 하는 것보다 일이 누군가에 의해서 주어지는 경우가 많다. 일을 받는 사람은 일거리를 주는 사람이 주체라고 생각하기 쉽다. 하지만 일거리를 주는 사람은 완벽한 '작전'이 있어서라기보다는 습관적으로 일을 맡길 경우가 많다. 의뢰인이 구체적인 방법까지 명시해서 요청하더라도 의뢰 받는 사람에게 더 좋은 아이디어가 있다면 의뢰인에게 역으로 자신이 생각한 방법을 제안할 수 있다. 의뢰인이 단지 추상적인 결과만 제시해서 일을 요청할 경우는 의뢰 받은 사람은 자유도가 커지므로 창의성을 자유롭게 발휘할 수는 있지만, 의뢰인이 미처 얘기하지 않은 조건이 있었다면 애써 만든 결과물이 소용없을 수도 있다. 이를 예방하는 차원에서 질문을 적절하게 사용하면 '합의'가 무엇인지 알 수 있어 일의 완성도는 높아진다.

무일푼 노숙자를
연매출 100억 문구점 CEO로 만든 힘

연매출 100억 원을 상회하는 사무용품 전문점 다다오피스는 다른 매장과 다른 점이 한 가지 있다. 일반 매장의 진열대 높이는 150cm이나 다다오피스 100평 매장의 진열대 높이는 210cm나 된다.

높으면 사람의 손이 닿을 수 없다고 생각하기 쉽다. 하지만 다다오피스는 매대를 높여 더 많은 상품을 담는 대신, 남는 공간은 통로를 넓히는 데 활용했다. 문구점 중 유일하게 통로 양쪽에서 카트를 끌고 다닐 수 있을 정도이다. 매장 안 초입엔 연필모양 투명 플라스틱 2개가 세워져 있다. 몽당연필을 가져오면 새 걸로 바꿔 준다. 수 만 개 이상 몽당연필이 모였다. 그래서 다다오피스가 손해가 났을 거라고 생각한다면 오산. 오히려 이익을 봤다. 한 번 온 손님이 다른 걸 사가면서 매출은 더 늘어난 것. 이 회사 대표, 최인규 CEO는 먼저 손해를 보면 그 이상의 이익이 온다는 신념을 가지고 있다. "왜 이익을 먼저 생각하지? 먼저 손해 보면 안 될까?" 그의 머릿속엔 온통 Why not? 반문이 춤을 춘다.

맹자의 반문

맹자가 전국시대 위나라 3대 군주 양혜왕(梁惠王, BC. 400년 ~BC. 334년)을 만나 나눈 대화는 반문의 대표 격이다.

양혜왕 : 어르신께서 천리 길을 멀다 하지 않고 이곳까지 오셨는데, 앞으로 이 나라에 어떤 이로움이 있겠습니까?

맹자 : 왕께선 어찌 이익만을 물으십니까? 단지 인의仁義가 있을 뿐입니다. 왕께서 어떻게 하면 나라를 이롭게 할까 말씀하시면, 대부大夫[1]는 어떻게 하면 집안을 이롭게 할까 생각하고, 선비와 서인庶人[2]은 어떻게 하면 자신의 몸을 편하게 할까 생각하여 (이처럼) 저마다 자기 이익만을 찾는다면 나라가 위태로울 것입니다. 만승萬乘[3]의 나라에서 군주를 시해할 자는 필히 천승千乘[4]의 집안이고, 천승千乘의 나라에서 군주를 시해할 자는 필히 백승百乘[5]의 집안이니, 만승萬乘의 나라가 천승千乘을 갖고, 천승千乘의 나라가 백승百乘을 가지는 것이 적지 않지만, 의義를 뒤로 하고 이익을 추구하면 빼앗지 않고는 만족하지 않게 됩니다. 인仁이 있는 사람은 부모를 버리지 않고, 의義가 있는 사람은 군주를 버

******
1) 중국에서 벼슬아치를 세 등급으로 나눈 품계의 하나. 주나라 때에는 경(卿)의 아래 사(士)의 위였다.
2) 서민(庶民) 아무 벼슬이나 신분적 특권을 갖지 못한 일반 사람
3) 만대의 병거(兵車)라는 뜻으로, 천자 또는 천자의 자리를 이르는 말. 중국 주나라 때에 천자가 병거 일만 채를 조리(直隸) 지방에서 출동시켰던 데서 유래한다.

리지 않거늘, 왕께서도 인의仁義를 말씀하시는 게 마땅한데 어찌
이익만을 말씀하십니까?

양혜왕은 질문 한번 잘못 했다가 맹자에게 호되게 설교를
들어야 했다.

맹자는 인의仁義는 곧 왕도王道라는 것을 반문 형태로 설법
한다.

학자는 자신의 소신을 목숨처럼 여긴다. 한 나라의 왕이
라 하더라도 옳지 않은 건 옳지 않은 것이다. 당시엔 맹자와
같이 다양한 학문을 연구하는 학자들이 많았다. 그 배경은
무엇일까?

맹자가 활동한 시대는 춘추전국시대로 나라마다 부국강
병을 추구했다. 부국이 되려면 인재가 필요했다. 신분과 국
적에 상관없이 능력 있는 인재를 선발했다. 이때 다양한 사
상과 학문이 꽃을 피웠는데 그 중심에는 많은 학자인 '제자
諸子'와 다양한 학파인 '백가百家'를 함께 일컫는 '제자백가諸子
百家'가 있었다. 주周나라 절대왕조와 봉건제도가 허물어지고
170여 제후들이 범람했던 춘추시대 제후국들은 전국시대

******
4) 천 대의 병거(兵車)라는 뜻으로, 제후를 이르는 말.
5) 백 대의 수레

<주석 출처: 네이버사전>

를 맞아 7개의 제후국으로 재편되고 진나라로 통일을 이루기까지 사회적, 정치적인 역대 혼란기를 겪었지만, 대신 다양한 생각과 주장들이 공존할 수 있었다. 인의仁義, 효孝, 예禮 등을 주창한 공자와 맹자의 유가사상儒家思想, 진나라 통일의 바탕이 된 한비자의 법가사상法家思想, 자연의 이치와 원리를 강조한 노자와 장자의 도가사상道家思想, 타인과 나를 똑같이 사랑하는 겸애兼愛를 설파한 묵가사상 등 다양한 사상이 융성할 수 있었던 것은 '반문'이 허용되는 시대적 환경 덕분이었다.

공격적으로 보이지 않지만 알차게 질문 하는 법

질문에 '왜'를 넣으면 자칫 공격적으로 보여 상대가 위축되거나 반발심을 살 수 있어 특별히 조심스럽게 다뤄야 한다. '왜'를 쓸 땐 어감, 어투, 억양, 표정, 상황 등을 고려하여 상대가 공격받는 느낌이 들지 않게 하는 세심함이 필요하다.

"왜 집에 일찍 갔지요?"보다는 "집에 일찍 가면 무슨 일을 하세요?"

"왜 편식을 하나요?"보다는 "편식을 하는 이유가 있을까요?"가 낫다.

다른 방법도 있다.

'우리(We)'로 주어를 바꿔 쓰면 어감이 좀 더 부드러워진다.

"당신은 왜 철학을 배우죠?"보다는 "우리는 왜 철학을 배워야 할까요?"

"당신은 왜 질문에 관한 책을 읽나요?"보다는 "우리는 왜 질문에 관한 책을 읽어야 하죠?"가 더 부드럽다.

깊이와 폭을 더하는 질문

질문자의 주관이나 견해, 판단을 기반으로 질문하면 답변자의 답변 범위가 좁아질 수 있다. 특히 권위와 지위가 있는 사람이 하급자에게 하는 그런 식의 질문은 상대의 여지를 위축시켜 폭넓은 답변을 이끌어내기 어렵다. 반대로 최대한 주관과 판단을 배제하고 객관적 사실이나 현상, 관찰한 경험을 토대로 질문하면 상대의 입지가 위축될 가능성은 줄어든다.

"내가 볼 때, 판매 실적이 줄어든 이유는 타깃고객 선정과 가격인 것 같은데 이 점에 대해서 어떻게 생각하나요?"

직책이 높은 사람이 이렇게 질문하면, 질문을 받은 사람은 아무리 다른 답안이 있더라도 선뜻 말하기가 꺼려진다. 답을 뻔히 유도하는 질문은 단지 확인용이지 원인을 묻는 근본 질문과는 거리가 멀다. 어느 한 방향으로 모는 질문은 다양한 가능성을 축소시킨다. 범위를 한정시키면 집중하기는 좋으나 방향이 잘못되었을 경우 원점으로 돌아갈 위험이 있다. 대부분 방향을 잡는 데 20을 쓴다면 해결책을 고안하는 데 80을 쓴다. 그보단 방향을 잡는 데 더 많은 시간을 쏟아야 한다. 위 질문을 이렇게 바꾸면 어떨까?

"전년 동기 대비 상품가격은 변동 없이 판매실적이 20퍼센트 감소하였네요. 이유가 뭐라고 생각하나요?"

질문에는 주관이 없이 객관적 사실만이 담겨 있다. 편견이 개입되지 않아 답변자의 입지가 자유로워져서 근본 원인을 찾을 가능성이 높아졌다.

리더는 확신이 있더라도 질문자의 상상력과 입지를 좁힐 수 있는 사견을 질문에 포함시키는 것을 경계한다. 리더는 설령 정답을 가지고 있더라도 직접 알려주지 않는다. 스스로 답을 찾도록 기다린다. 리더는 고기를 잡도록 도구를 제공하는 사람이다.

해결책을 물을 것인가? 원인을 물을 것인가?

원인을 찾으면 그때 해결책 모색이 가능해진다. 반면 처음부터 해결책을 물으면 오류를 유발시킨다.

"고객을 증대시키기 위한 방법으로 무엇이 좋을까요?"

이 질문은 문제의 원인 파악을 건너뛴 것으로 자칫 잘못된 결론을 이끌 수 있다.

"고객이 더 이상 유입되지 않는 이유는 무엇일까요?"

이렇게 질문하는 게 순서다. 이유를 찾았으면 답은 나오게 되어 있다. 고객을 증대시키는 방법이 무언지 물으면 막연할 수밖에 없다.

"지난 달 출시한 OO라면 판매량을 높일 수 있는 방안은 무엇일까요?"

아마도 신제품으로 출시한 라면이 생각보다 반응이 적었나 보다. 질문자는 해결책에만 관심이 있다. 이보단 문제의 원인부터 파악할 필요가 있다.

"OO라면 판매가 부진한 이유는 무엇일까요?"

"OO라면에 대한 고객인식은 얼마나 될까요?"

"OO라면을 구매한 경험이 있는 고객은 우리 제품을 어떻게 평가하나요?"

첫 번째 질문과 관련, 판매량을 높일 방안은 다양하게 나올 수 있다. 문제는 대안으로 제시한 답이 판매가 저조한 OO라면뿐만 아니라 다른 상품의 판매도 높일 수 있는 '일반적인 해결책'일 가능성이 크다는 것. 그보다는 OO라면에 초점을 맞춰 부진 원인을 파헤치면 '특화된 해결책'을 도출할 수 있어 시장 반응을 일으킬 수 있다.

지금 누군가에게 해결책을 묻고 있다면 그 전에 원인부터 물었는지 확인해보라.

단답형을 주관식으로 바꾸는 질문

원활한 관계를 이끌거나, 어색한 상황을 타개하고 싶을 때가 있다. 그럴 때 필요한 게 주관식 질문이지만, 단답형 질문을 받는 것에 익숙해서일까? 사람들은 습관적으로 단답형 질문을 많이 한다. 그럼, 어떻게 해야 단답형 질문 대신 주관식 질문을 잘 할 수 있을까?

'예'와 '아니오', '이다'와 '아니다', '맞다'와 '틀리다' 등 선택형 단답식은 문장 서두에 의문사를 간단히 추가하여 주관식으로 전환할 수 있다.

도와 드릴까요?

〉네.

〉아니오.

무엇을 도와드릴까요?

의문사 'What'을 맨 앞에 넣었더니 선택형 질문이 주관식 질문으로 바뀌었다. 앞의 질문과 다른 점은 '도움을 줄 것'을 전제로 한다는 것. 그 이후 단계까지 자연스럽게 묻는 형태로 바뀐다. 이는 질문자의 '도움을 주겠다는' 의도가 다분히 담긴 질문이다.

휴일 잘 쉬었어요?

〉네, 잘 쉬었어요.

〉아니요, 잘 못 쉬었어요.

어떻게 휴일 보냈어요?

물론 의도적으로 단지 인사 차원에서 단답형으로 질문하는 경우도 있다. 하지만 단답형 질문은 형식적 관계를 낳게 한다. 주관식 질문이 대화를 잇게 하는 데 유용하다.

손석희의 질문법

손석희 : 인도에선 소를 먹지 않는다고 해서 다른 나라 사람들이 소를 먹는 것에 대해 반대하지 않습니다. 이러한 문화 차이에 대해서 인정할 생각이 없습니까?

브리지트 바르도 : 물론 그러한 문화 차이를 인정합니다. 하지만 소는 먹기 위한 동물이지만, 개는 그렇지 않습니다. 한국을 비롯한 아시아 몇 나라를 제외한 세계 어느 나라도 개를 먹지 않습니다. 문화적인 나라는 개를 먹지 않습니다.

손석희 : 소를 먹기 위한 나라도 있지만 개를 먹기 위해 키우는 나라도 있을 수 있습니다. 개를 먹기 위해서 키우는 나라가 소수라고 해서 배척을 받는다면, 문화 차이를 인정하지 못하는 것 아닌가요?

바르도 : 저는 개를 먹는 사람을 결코 존중할 수 없습니다. 문화 차이를 인정하는 데도 한계가 있습니다. 한국인이 저를 증오해도 할 수 없습니다. 이번 12월 15일 축구협회 회장과 회의가 예정되어 있는데, 거기서 한국의 모든 실상을 고발하겠습니다.

-출처 : 『손석희가 말하는 법』 부경복 저, (주)도서출판 푸른숲

2002년 월드컵을 앞둔 2001년 12월, 라디오 프로그램 〈손석희의 시선집중〉에서 개고기를 먹는 한국인을 야만인

이라고 비난한 프랑스 여배우 브리지트 바르도(Brigitte Bardot, 1934~)와의 인터뷰를 한 대목이다. '토론 진행의 거장' 손석희의 계속된 질문 공세에 할 말을 잃은 그녀는 사상 초유로 인터뷰 도중 "당신 같은 야만인들과는 더 이상 할 말이 없습니다." 라고 말하며 일방적으로 전화를 끊었다.

브리지트 바르도는 어떤 사람일까? 인터뷰 맥락의 이해를 돕기 위해서 나무위키를 참고로 해서 소개된 일화 일부를 재구성하여 소개한다.

영화배우였던 그녀는 은퇴 후 동물애호가로 활동했는데, 숱한 인종차별적 발언과 궤변, 언행불일치, 이중 잣대로 호된 역공을 당해왔다. 허리우드 은막 스타에서 유니세프 친선대사로 전 세계 굶주린 어린이들의 현실을 세상에 알리고 구호활동으로 여생을 살았던 오드리 햅번(Audrey Hepburn, 1908~2002)조차 80년대부터 시작된 브리지트 바르도의 개고기 혐오 발언에 대해 "전쟁이 나면 (개고기)보다 더한 것도 먹게 됩니다."라고 일갈했다.

'동물 애호가' 브리지트 바르도는 밍크 코트를 입고 언론에 나와 비난을 받았고, 헝가리는 결혼 풍속으로 닭 머리를 손가락으로 '톡톡' 내리치는 액땜 의식행사가 있는데 이를 보고 닭을 학대한다고 비난해서 헝가리 고위급 정치인으로부터 "닭이 그렇게 걱정되면 KFC부터 없애세요."라는 말을 들었다. 한국말 잘하는 로버트 할리는 "달팽이도 우

리 친구지예~"라고 말하며 그녀의 이중 잣대를 유머로 해
석했다.

손석희는 평소 토론을 진행하는 모습을 봐도 알 수 있듯
이 대부분 '질문' 형식으로 말을 건넨다. 자신의 주관은 철저
히 드러내지 않고 사실을 근거로 상대방의 의견을 묻는다.
서로 반대되는 진형의 시각을 함께 포섭해서 균형을 잃지 않
는다. 다만, 첫 번째 질문은 평소 그의 질문 스타일과는 차이
가 있다. 보통은 "~ 어떻게 생각합니까?"라고 상대의 의견을
자유롭게 펼칠 수 있도록 길을 열어두는 질문을 하지만, 이
번 경우는 워낙 상대가 고집불통의 자기주장만 강하게 펼친
다는 사실을 미리 파악한지라, "~이러한 문화 차이에 대해
서 인정할 생각이 없습니까?"라고 문화 차이의 인정 여부를
묻는 '압박질문'을 했다. 해석하면 "이러 이러한 사실들이 있
는데도 계속 자신의 주장이 맞는다고 생각하나요?"의 의미
이다.

손석희는 상대의 주장을 경청하지만, 그렇다고 상대의 논
리에 휘말리지 않는다. 그 비결은 '논점'을 잃지 않는 데 있
다. 브리지드 바르도와의 인터뷰에서 논점은 무얼까?

브리지드 바르도의 논리 흐름을 정리해보면 다음과 같다.

개는 애완동물이다. 한국인은 개를 먹는다. 따라서 한국
인은 야만인이다.

이에 반해서 손석희는 개고기를 먹는 것을 '문화'로 봤다. 브리지드 바르도는 옳다, 아니다 2분법으로 접근했다면, 손석희는 옳고 그름의 관점이 아니라 문화 차이에서 오는 '다름'으로 봤다. 이 논점을 가지고 있는 한 상대가 아무리 궤변을 늘어놓으며 주제를 흐리게 해도 흥분을 자제하고 차분하게 논조를 이어갈 수 있다. 손석희의 질문은 평이하게 보이지만, 사전에 철저하게 기획된 준비에서 나온다. 사람들은 손석희가 토론을 잘하는 비결이 사전에 다양한 데이터를 충분히 모으는 준비 과정을 통해 균형 감각을 잃지 않는 것이라고 평가한다. 하지만 핵심은 단지 다양한 관점의 데이터를 모으는 데만 있지 않다.

상대의 논점이 무얼까 의문을 품고, 대응할 나의 논점은 무얼까 깊이 질문하고 고민하는 데 있다. 이 '작은 차이'가 손석희만의 'Name value'를 만드는 '큰 차이'를 낳는다.

질문이 다르면 얻는 결과도 다르다

1950년대 경구피임약을 최초로 개발한 화학자 칼 제라시(Carl Djerassi, 1923~ 2015)는 살충제 회사의 CEO로 근무하였는데, 그가 처음 당면한 문제는 '어떻게 하면 환경을 오염시키지 않고 해충을 박멸할까?'하는 것이었다. 그런데 곰곰이 생각해보니 그것은 사후 해결방안이었다. 사전에 해결할 근본 방안이 있으면 좋겠다고 생각한 그는 관점을 바꿔서 질문을 다시 했다.

'아예 처음부터 해충이 태어나지 않도록 하면 어떨까?'

칼 제라시는 이 질문으로 생식기능을 억제해서 해충을 막는 최초의 합성 살충제를 발명했다.

행동경제학이나 실험, 논문 등에서 필수적으로 쓰이는 것이 가설이다. 가설은 아직 증명되지 않은 관점일 뿐, 논증 과정에서 기각될 수도 채택될 수도 있다. 이 같은 과학적 접근 방식이 선입견이나 지레짐작을 배제시킨다. 가설은 모든 가능성을 열어두고 '모름'을 전제로 실험에 응하도록 하는 힘이 있다. 가설은 '모름 모드'를 전제로 한다.

A : "길을 가는 사람에게 외국인이 지갑을 잊어버려 돈을 달라고 하면 사람들은 어떻게 반응할까?"

B : "차종이 고급일수록 사람들이 양보를 더 잘 해 줄까?"

C : "유기농 바나나와 일반 바나나를 나란히 놓았을 때 가격차가 얼마큼 났을 때 사람들은 유기농 바나나를 구매대상에서 제외할까?"

질문에 대한 답을 알고 있으면 실험할 필요는 없다. 하지만 연구자는 설사 안다고 해도 모름을 가정하고 실험에 돌입한다. 예측한 것과 실제 결과는 다르기 때문이다. 이때 질문을 어떻게 하느냐에 따라서 실험결과의 의미는 달라진다.

다음은 변형된 질문이다.

A : "길을 가는 사람에게 외국인이 지갑을 잊어버려 돈을 달라고 할 때 얼마를 요구해야 사람들이 호응할까?"

B : "운전자가 상대에게 얼굴이 잘 보이도록 창문을 내렸을 때 매력적으로 생겼을 경우 상대의 양보를 얼마나 잘 받아낼 수 있을까?"

C : "유기농 바나나와 일반 바나나를 나란히 놓았다. 가격 차를 얼마로 했을 때 유기농 바나나를 선택할 확률이 높게 나타날까?"

앞선 질문과 약간씩 다른 내용이지만 얻는 결과는 사뭇 다르다.

우리는 질문을 받는 데 익숙하다. 이는 곧 답을 생각하는 데 익숙하다는 의미이기도 하다.

학생들은 한번 시험문제를 치르면 문제 푸는 데 힘들었다고 느낀다. 그런데 그 문제를 출제하는 선생이나 교수는 어떤 문제를 낼지 상당한 고민을 한다. 어떻게 문제를 내야 실력을 가늠하고 우열을 가릴지 깊은 고뇌를 한다. 질문을 받고 답을 찾는 데 익숙하면서 리더가 될 순 없다. 리더는 질문하는 사람이다. 리더의 질문이 결과를 좌우한다.

올빼미의 가르침

문제해결의 잘못된 방향을 질문이 어떻게 바로잡아 주는지 그 중요성을 일깨워 주는 미국 동화가 있다.

작은 키가 고민인 젊은 사내가 있었다. 그는 맨 먼저 말에게 찾아갔다.

"어떻게 하면 너처럼 늠름하고 훤칠하게 자랄 수 있니?"

그러자 말이 대답해 주었다.

"나처럼 옥수수를 배불리 먹고 먼 거리를 달려 보세요."

사내는 말이 일러준 대로 했다. 하지만 어찌나 뛰었던지 온몸이 노곤하고 무릎이 아파 중간에 포기하고 소에게 찾아갔다.

"소야, 어떻게 하면 너처럼 힘도 세고 키가 클 수 있니?"

우쭐해진 소는 비결을 알려 주었다.

"나처럼 풀을 잔뜩 먹고 목청껏 소리 질러봐."

사내는 소가 일러준 대로 풀을 뜯어먹고 온 산이 울리도록 소리를 질렀다. 하지만 소화불량으로 배가 아팠고 목소리까지 쉬었다. 지친 사내는 집에 돌아와 대문 앞에 풀썩 주저앉았다. 그때 올빼미 한 마리가 날아와 사내에게 물었다.

"왜 그렇게 힘없이 앉아 있나요?"

"온갖 방법을 다 해봤지만 키가 자라지 않아."

사내는 그간 있었던 일들을 올빼미에게 소상히 말해 주었다. 귀를 기울이던 올빼미가 물었다.

"왜 키가 크길 바라는 거죠?"

"음, 나보다 키 큰 사람이 덤비면 단번에 제압하려고 그렇지."

사내의 말에 올빼미가 계속 물었다.

"그럼, 이제껏 누군가가 덤벼들어 당신을 괴롭힌 적이 있나요?"

"아니…."

사내가 기어 들어가는 목소리로 말하자 올빼미가 재차 물었다.

"그럼, 키가 컸으면 하는 또 다른 이유가 있나요?"

"키 큰 사람들은 나보다 더 멀리 내다볼 수 있잖아."

"그것 때문이라면, 다른 방법이 있어요. 나무 위로 올라가면 그들보다 훨씬 먼 곳을 볼 수 있잖아요."

"그거야 그렇지."

"눈앞에 보이는 건 중요하지 않아요. 중요한 건 생각하는 힘이죠."

올빼미는 이 한마디를 남기고 하늘 하늘로 날아갔다.

마시멜로 실험이 일깨워 주는 질문의 순서

재료 : 스파게티, 끈, 테이프, 마시멜로
과제 : 제한시간 내에 가장 높이 쌓기

유치원 아이들과 MBA 재학생이 이 문제를 놓고 한판 붙었다. 결과는 유치원생의 승리.

MBA 학생들은 어떻게 문제에 접근했을까?

그들은 먼저 대표를 정하는 데 시간을 보냈다. 대표가 선출되자 토론이 진행되었다. 어떻게 해야 문제를 해결할 것인지 서로 논쟁을 벌였다. 반면, 아이들은 문제를 받은 즉시 시도했다. 전략도 전술도 없었다. 시도와 실패를 반복했다. 이렇게 해서 안 되면 저렇게 바꿔보고 실패가 누적되어도 아랑곳하지 않았다. 시행착오 끝에 아이들은 높이 쌓는 데 성공했다. 반면, MBA 팀은 행동보다는 말이 더 많았다. 제한시간은 초과되었고, 해야 할 많은 시도를 남긴 채 게임은 끝이 났다.

이 과제는 2가지를 생각하게 한다.

질문한 후 행동을 취해야 할까?
행동을 취한 후 질문해야 할까?
과연 어떤 형태가 더 좋은 방법일까?

답은 없다. 게임의 규칙과 내용에 따라 더 적합한 방법이 있을 뿐.

아이들은 MBA 학생들처럼 체계적이고 논리적으로 생각하는 능력이 떨어진다. 아이들은 행동하면서 배운다. 고정관념도 없다. 반면 MBA 학생들은 배운 걸 활용하기 위해 생각한다. 어떻게 하면 실패하는지에 대한 고정관념도 있다. 그렇게 완벽을 기하다 보니 시간을 많이 소비했다. 어떤 문제를 풀 때 깊은 사고를 해야 할 경우도 있지만, 이처럼 행동에 돌입하기 전에 고민을 많이 하는 것이 문제해결에 큰 영향을 미치지 못할 때가 있다. 이럴 땐 시작을 빨리 하고 시도하면서 배우는 게 더 빠를 수 있다.

5Why의 순서

1 Why → 2 Why → 3 Why → 4 Why → 5 Why

처음 why와 다섯 번째 why는 양파 겉껍질을 벗기고 나서 마지막 속 알맹이까지 벗기는 순서와 비슷하다. 보이는 현상에서 출발해서 근본 원인으로 접근하는 순서이다. 처음 why의 대답은 표면적인 '현상'일 가능성이 크다. 마지막 5단계에 이르면 현상에서 벗어나 '근본 원인'이 규명된다. 그럼, 어떤 문제의 원인을 파악할 때 왜 처음에는 표면적 현상이 먼저 머릿속에 떠오르는 것일까? 처음부터 5번째 why 질문을 할 순 없을까?

한 번의 질문에 5번째 why를 해야 나올 수 있는 근본 원인을 묻는 질문을 할 정도면 대단한 통찰자일 것이다. 우리는 대부분 이 경지에 있지 않으므로 5why를 순서대로 차근차근 시행해보는 것이 최선이다. 계란 노른자를 먹으려면 겉껍질을 까고 흰자를 벗겨야 하듯이 뇌도 사고하는 순서가 있다.

'밖에서 안으로'
'(보이는) 현상에서 (보이지 않는) 근본 원인으로'
'추상화에서 구체화로'
'표면에서 내면으로'

이것이 5 Why의 순서다.

제10장
Question Face

질문은 다양한 얼굴을 하고 있다.

가면의 종류가 다양하듯 질문의 얼굴도 다양하다.

어떤 가면을 쓸까?

가면무도회는 어쩌다 한 번 있을 수 있지만,

'질문 무도회'는 언제나 열려 있다.

디지털 질문과 아날로그 질문

0과 1처럼 '이다' '아니다', '옳다' '그르다' 식의 둘 중 하나의 답을 요구하는 질문은 디지털 질문이고, 주관적 견해를 묻는 질문은 아날로그 질문으로 분류할 수 있다.

디지털 질문은 짧은 시간 내에 깊게 생각할 필요가 없는 단편적인 답을 얻는 데 적합하고, 아날로그 질문은 비교적 긴 시간 동안 깊은 생각을 통해 통찰력 있는 답을 얻는 데 적합하다.

학교를 졸업하고 사회에 빨리 적응하려면 디지털 질문 습관에서 아날로그 '질문습관'으로 전향하는 게 필요하다. 학교에서는 정답을 가르치지만 사회는 정답이 아닌 게 다수다. 0과 1 디지털 방식으로 접근해선 문제를 해결하기 어렵다.

'?'가 없는 질문

'?' 없는 문장도 질문이 될 수 있을까?

2002년 클라리넷 연주자 제임스 프리먼James Freeman은 연주생활을 그만두고 커피 사업을 시작했다. 2005년 샌프란시스코에 사는 친구 차고에서 첫 커피점인 블루보틀(Blue Bottle Coffee)을 열었다. 2012년 구글 벤처스로부터 2천만 달러의 투자를 받은 그는 온라인에서 원두를 팔면 어떨까 하고 생각했다. 제임스 프리먼은 구글 벤처스의 디자이너 브레이든 코위츠Braden Kowitz, 존 제라스키John Zeratsky와 테이블에 앉아서 자신이 생각한 온라인 상점에 대해 얘기를 나누었다.

그런데 열두 가지나 되는 커피를 어떻게 하면 쉽게 분류할지가 문제였다. 게다가 블루보틀에서 다루는 열두 가지 커피는 서로 구분하기 어려울 만큼 비슷하게 포장되어 있었고 온라인에선 선택에 도움을 줄 바리스타도 없었기에 문제는 미궁으로 남게 될 터였다.

하지만 이 문제는 간단했다. 소매상들은 대부분의 커피를 아프리카, 태평양, 남아메리카 등 지역 원산지로 구분했기 때문에 이 방식을 따르면 될 터였다. 그렇게 쉽게 넘어 가려던 찰나에 브레이든 코위츠Braden Kowitz가 의미심장한 말을 꺼냈다.

"저는 커피에 폭 빠졌어요. 집엔 전자저울을 비롯해서 각종 커피 도구가 있죠. 하지만 지역이 무엇을 뜻하는지 통 모르겠어요."

순간, 모임은 뜨거운 커피가 냉커피로 바뀐 것처럼 차가워졌다. 생각해보니 자신들도 (커피 전문가가 아닌 고객 관점에서) 지역에 따른 차이점을 잘 알지 못했다는 걸 깨달았다.

브레이든의 이 말 한마디는 토론에 열기를 불어넣었다.

브레이든은 단지 자신의 불편함을 하소연 한 것일 뿐 '?' 형태의 질문을 한 건 아니다. 하지만 기존 관념과 새로운 관념이 충돌하며 문제의식을 돌출되게 한 '질문'의 효과를 불러 일으켰다. '?' 없는 질문이다. 브레이든의 경험담은 사람들에게 경각심을 주었다. 형식상 질문은 아니었지만 의미상으론 반문에 가깝다.

'왜 지역이 커피를 구분하는 기준이 돼야 하죠? 난 아무리 해도 지역의 차이를 모르겠단 말이에요.'

재미있는 건 브레이든은 자신의 문제를 누군가가 해결해 주기를 적극적으로 바란 것은 아니지만, 모임에 있던 누군가는 브레이든의 불편사항을 문제로 인식하여 해결책을 제시했다는 점. 의도하지 않은 '질문 아닌 질문'이 공유가 되었을 때 누군가가 대신 해결해 줄 수 있는 기회가 열리는 마법 같은 일이 벌어진 것이다.

이처럼 질문자는 답을 모르고 심지어 자신이 한 말이 '질문'이 될 줄 생각조차 못했더라도 누군가 그것을 문제로 인식, 해결책을 이끌어내는 방아쇠 역할을 할 수 있다.

제임스 프리먼은 바리스타 교육을 할 때 고객에게 "집에서는 커피를 어떻게 내려서 드시나요?" 라고 질문하라고 했던 일을 떠올렸다. 그러면 답변에 따라 적합한 커피콩을 추천해 주는 식이었다. 이 방식을 온라인 상점 디자인에 반영한 블루보틀 커피는 오픈 후 큰 시행착오를 겪지 않고 판매에 순항을 이어갔다. 이듬해 블루보틀은 유망한 커피 정기구독업체를 인수하였고 직원도 늘렸다. 지금도 새로운 실험을 이어가며 나날이 성장하고 있다.

이 스토리에서 얻을 수 있는 결론은 무엇일까?

운명을 바꿀 중요한 순간은 언제 어디서 닥칠지 모른다. 그것은 '?'가 있는 질문일 수도 있지만, '?'가 없는 넋두리 비슷한 것일 수도 있다. 중요한 건 기회를 포착하는 것. 기회를 포착하려면 문제의식이 있어야 한다. 문제의식은 머릿속에 '?'를 담고 있는 것이다. 문제의식이 없으면 기회는 들어도 들리지 않고 봐도 보이지 않는다. 뚜렷한 목표, 명확한 목적이 있을 때 문제가 눈에 들어온다. 혼자 해결하기 힘든 과제는 다양한 사람들과의 관계를 통해서 우연을 가장한 필연의 실마리가 되어 잘 풀리는 행운을 만나기도 한다.

목적에 따른 질문 유형

질문은 여러 유형으로 나눌 수 있다. 크게 4가지로 구분할 수 있고 대부분의 질문은 이 유형들에서 크게 벗어나지 않는다.

사실과 지식의 확인

가장 평이한 기본 질문으로 사실, 상식, 지식 등을 단지 확인하는 것으로, 호기심과 궁금증을 해소하기 위한 질문이다.

예 :

"저번 한 주 동안과 작년 같은 기간 클레임 건수가 어떻게 되죠?"

"세상에서 가장 긴 강은 무엇이죠?"

종합적 판단

사람은 흩어진 것을 모으고 복잡한 것을 단순화하려는 성향이 있다. 종합적 판단도 이와 관련된 것으로 어떤 결정을 앞두거나 결단을 내려야 할 상황에서 질문을 통해서 상황을 압축, 요약할 때 쓰인다.

예 :

"A안과 B안의 차이점이 무엇이죠?"

"A빌딩과 B빌딩의 가격, 입지, 건축년도, 주변 유동인구 등 비교하면 어떻게 다릅니까?"

견해의 확인

상대방의 의견이나 주장, 생각이 무엇인지 확인하는 질문이다.

예 :

"민주주의의 단점은 무엇이라고 생각하나요?"

"부자가 존경 받으려면 어떻게 해야 할까요?"

상상질문

벌어지지 않은 일을 꾸며서 가정하거나 시점을 미래 또는 과거로 해서 추측, 추론하며 상상하는 질문이다.

예 :

"이순신 장군은 평소 체력단련을 어떻게 했을까?"

"10년 후 휴대폰은 어떻게 바뀔까?"

상대가 어떤 사람인지 알고 싶을 땐 그 사람이 어떤 유형의 질문을 주로 하는지 보면 알 수 있다. 당신은 어떤 질문을 주로 하는가?

집단지성 질문대용법

이 방법은 질문자가 대화를 독점하는 폐단을 방지하고 보다 많은 사람들의 참여를 이끌어내는 장점이 있다. 가령 학생이 스승에게 질문하기를, "선생님, 왜 계절이 바뀌나요?"라고 했을 때 보통은 선생님이 직접 답변을 해 주면 된다.

하지만 이렇게 되면 선생님의 '권위 있는 말 한마디'가 학생들을 주입식 교육의 틀에 갇히게 한다. 선생님의 말은 곧 진리이고 정답이라는 인식 때문이다.

이를 극복하는 방법은 무엇일까? 학생들 스스로도 얼마든지 답을 찾을 수 있는 자신감을 길러주려면 뭔가 다른 방법이 필요하다.

여기 괜찮은 방법이 있다. 학생이 제기한 질문을 다시 나머지 학생들에게 되돌려 주는 것이다.

"여러분들은 계절이 왜 바뀐다고 생각하나요?"

집단지성을 활용하는 것. 그럼 보다 많은 사람들의 다양한 의견을 들을 수 있다.

개중에는 선생님이 원하는 답이 나올 수도 있다. 때로는 과학적 원리와 지식을 떠나서 인문학적으로 기발한 상상을 초월하는 답이 나올 수도 있다.

선생님이 원하는 답은 맨 나중에 해도 결코 늦지 않다.

의료진단의 기본 틀

의료 분야는 전문성이 강한 분야이다. 그만큼 '전문가'에 대한 의존도가 높다. 아무리 높은 지위에 있는 사람도 의사 앞에선 작은 병아리가 된다. 매년 또는 격년에 한 번씩 받는 건강 검진은 그나마 낫다. 의사를 대면하지 않고도 첨단 의료장비에 나를 맡기면 의료 요원이 건강상태를 체크해 준다. 하얀 가운을 입은 의사와 마주하지 않은 것만으로도 심리적 부담이 완화된다. 왜 그럴까? 사람 대 사람보다 사람 대 기계의 소통방식이기 때문이다. 그런데 잘 생각해보면 건강검진은 형식이 다를 뿐, 의사가 할 일을 대신한다.

대증하약對症下藥! 증세에 맞는 약을 처방한다는 의미다. 맞는 약을 처방하려면 증세를 봐야 하고 증세의 원인을 알려면 무엇을 해야 할까? 질문이다. 건강 검진을 받는 행위도 질문의 일종이다.

병원에 가서 제일 먼저 하는 일은 문진표를 작성하는 일이다. 청력 검사, 혈액 검사, 심전도 검사, 갑상선 검사 등 모든 '검사檢查'의 기본구조에는 질문이 포함된다. 질문이 반드시 '?'의 형식을 가지는 것은 아니다. 혈액검사 하나에도 적혈구, 백혈구, 림프구, 호산구, 혈소판, 적혈구분포계수, 평균 혈구색소 등 수십 가지 항목들이 있다. 각 항목들의 현재 수

175

치와 이전 검사결과 수치, 그 차이, 참고치(정상 범위)가 있다. 가령 적혈구 참고치가 4.00~6.20, 현재 측정값이 5.1, 이전 측정값이 4.9라고 할 때 참고치 범위 안에 있으므로 '정상'에 해당한다. 정상인지 아닌지는 컴퓨터가 계산한다. 그렇다면 계산의 알고리즘은 누가 짤까? 사람이 한다.

이 알고리즘의 핵심이 질문이다. 현재 값은 무엇인가? 이전 값은 무엇인가? 참고치 범위 안에 있는가? 밖에 있는가? '정상'이라는 최종 판결 하나 내리는 데 여러 질문들이 동원된다. 질문하지 않으면 검진 결과는 알 수 없다.

추상적 질문과 구체적 질문

스위스 심리학자 피아제(Jean Piaget, 1896~1980)는 7세에서 11세의 초등학교 시기에는 사물과 대상을 구체적으로 인지, 이해하는 시기이고 12세 이후는 추상적, 논리적 사고를 하는 시기로 보았다.

초등학교 시기에는 아직 세상을 구체적으로 인지하지 못하기 때문에 추상적 질문을 이해하고 답변하는 것이 어려울 수밖에 없다. 그래서 이때는 더욱 구체적인 질문으로 뇌의 발달을 꾀해야 하는 시기이다.

가령, "나비는 어떻게 하늘을 날지?"

이는 구체적 질문이다. "날개를 펄럭여서 날아요." 라고 답변하면 이는 역시 구체적 답변이다. 세상을 구체적으로 인지하지 못하는 어린 시절에는 나비가 하늘을 나는 것을 기정사실화 하고(=의심하지 않고), 나는 현상에 주목해서 사물이 작동하는 방식을 '묘사'로 이끌어 내는 '구체적 질문'이 필요하다.

추상적 사고가 가능해지는 시기가 되면 이 질문은 이렇게 바뀔 수 있다.

"나비는 왜 날개를 펄럭일까?"
"나비는 왜 날까?"

비로소 철학적 사고가 가능한 질문을 할 수 있다.

추상적으로 질문하면 추상적으로 답을 하기 쉽고, 구체적으로 질문하면 구체적으로 답을 하기 쉽다. 일반적으로 인풋의 유형이 아웃풋의 유형을 결정한다.

"좋은 글이란 무엇일까요?" (추상적 질문)

이 질문에 어떤 답이 오고 갈까?

"좋은 글은 영감을 주는 글입니다."

"좋은 글은 실생활에 도움을 주어요."

질문이 추상적이면 이런 식으로 답변도 '추상적'일 가능성이 크다.

"세종대왕, 에디슨, 스티브 잡스는 각각 무엇을 했나요? 그리고 공통점은 무엇일까요?" (구체적 질문)

이 질문에 어떤 답이 오고 갈까?

"세종대왕은 한글, 에디슨은 전구와 축음기, 스티브 잡스는 스마트폰을 발명했죠. 따라서 발명가입니다."

구체적인 질문이 구체적인 답변을 이끈다. '한글' '축음기' '스마트폰'과 같이 모아진 구체적인 답은 이들을 하나로 묶는 상위 카테고리인 '발명가'라는 추상적 답변까지 자연스럽게 연결된다.

우리가 어떤 질문을 받을 때 어렵게 느껴지는 것은 그 질문이 구체적인 질문이 아닌 추상적이기 때문일 경우가 많다. 추상적 질문은 주로 개념, 정의, 관념 등을 묻는 질문이기 때문이다. 하지만 추상적 질문이라도 어렵지 않게 대응하는 방법이 있다.

그것은 구체적인 답변으로 대신 하는 것이다.

가령 "좋은 글은 무엇이라고 생각하나요?"는 추상적 질문이지만, "저는 이효석의 작품이 좋다고 생각해요." 라고 말하는 것이다. 그럼 질문자는 "왜 그 책이 좋죠?" 라고 질문할 것이고 답변자는 "이 분의 책은 추억을 떠올리게 해서 마음이 포근해지거든요." 라며 그 책이 좋은 나름의 이유를 말할 것이다. 답변자는 추상적으로 답하지 않았지만 구체적으로 답변함으로써 질문자가 필요로 하는 의미를 전달할 수 있게 된다. 질문자도 비로소 처음 의도했던 질문의 답변을 들을 수 있게 된다.

나쁜 질문과 좋은 질문

어떤 책에서 보면 질문을 나쁜 질문과 좋은 질문으로 구분해서 예로 든 것이 있다. 가령, 이런 예이다.

"누군가에게 차별을 당해본 적이 있나요?"
"산이 좋아요? 바다가 좋아요?"

이러한 질문들은 나쁜 질문으로 규정된다. 공통점은 단답형이다.

하지만 단답형 질문이 과연 반드시 나쁘다고만 할 수 있을까?

단답형 질문이 깊이 있는 생각을 묻는 것은 아니지만 때로는 이런 질문들이 상대방의 닫힌 마음을 여는 데 도움이된다. 처음부터 깊이 있는 사고를 유도하는 주관식 질문을하는 것보다 단답형으로 가볍게 마음을 열고 교감을 가지면서 점차 주관식 질문으로 확대하는 것이 바람직할 수 있다.

질문의 좋고 나쁨은 상황에 따라 다르다. 그럼에도 좋은질문이란 상대의 잠재력을 이끌어내는 마중물 같은 것이다.

진짜 이유를 찾는 평이한 답의 반문
(질문과 답, 그 답에 대한 반문법)

"왜 달걀을 떨어뜨리면 깨질까?"
"달걀껍질이 얇고 약하기 때문이야."

대개는 다 이렇게 생각할 것이다. 그런데 질문자가 "그럼, 계란보다도 더 얇고 약한 것도 떨어뜨리면 모두 깨질까요?" 라고 추가 질문을 한다면 먼저 답변했던 것에 모순이 생긴다. 달걀보다 얇고 약한 것이 있기 때문이다. 다른 이유가 있어야 한다.

문제를 좀 더 창의적으로 접근하는 방법은 없을까?

한 가지 방법으로 남들이 한 답변에 대해서 '과연 그럴까?' 하고 반문해보면 다른 답을 떠올릴 수 있다.

앞서 질문자가 재 질문으로 거론했듯이 '계란보다 더 가볍고 약한 것이 무엇이 있을까?' 하고 생각해본다.

그럼 새의 깃털, 먼지, 종이 등 계란보다 더 얇고 약한(단단하지 않은) 것이 많음을 쉽게 떠올릴 수 있다. 이 반문 과정을 통해서 질문에 대한 첫 번째 답은 진리가 아님을 알 수 있다.

"계란보다도 더 얇고 가벼운 종이나 깃털은 왜 떨어져도 깨지지 않을까?"

이렇게 질문이 거듭될수록 본질적인 답에 가까워질 것이다.

이처럼 진짜 이유는 평이한 답에 대해 의문을 제기하는 것에서 찾을 수 있다.

풍성한 담화를 이끄는 '중심원 확대법'

'중심원 확대법'이란 청자의 첫 번째 대답으로 끝내지 않고 원 질문에 해당하는 다른 수준 또는 비슷한 생각을 추가로 이끌어내는 것으로, 청자의 최초 답변이 '작은 원'이라면 살이 붙어서 그 원이 점점 커지는 것을 의미한다.

"피아노를 배우려는 이유는 무엇이죠?"
"월광 소나타를 들었는데 너무 좋더라고요. 직접 쳐보고 싶었어요."

피아노를 배우는 다른 이유가 다섯 가지 더 있을 수 있지만, 답변자는 처음 떠오르는 이유를 말한다. 대개 처음 떠오르는 이유가 가장 중요한 이유일 수 있지만, 반드시 그런 건 아니다. 본의를 숨길 수도 있고 거짓으로 둘러댈 수도 있다. 대화가 이것으로 끝난다면?
풍성한 대화를 이어나가려면 추가 질문을 해서 상대의 생각을 이끌어내야 한다.

"그렇군요. 그 외에 다른 이유도 있을까요?"

이렇게 질문을 던지면 청자는 예기치 못한 질문에 조금 머뭇거리다가도 자신이 피아노를 배우려는 또 다른 이유를 생각하면서 자신의 이야기를 쏟아낼 것이다.

"피아노를 쳐서 좋아하는 사람에게 들려주고 싶거든요."

처음엔 생각지 못한 답이 나올 수 있다. 이것은 질문자와 청자 모두에게 마찬가지. 질문자는 같은 질문을 반복하는 것만으로도 대화의 양과 질을 풍성하게 이끌 수 있게 된다.

청자 또한 자신이 관심 받고 존중 받는다는 생각이 든다면 대화에 만족할 것이다.

좋은 질문이란 상대의 다양한 생각의 가능성, 실마리들을 한올한올 풀듯이 입 밖으로 끄집어내도록 하는 힘이 있다. 상대는 관심과 존중을 받는다는 느낌을 받고 질문자는 소기의 목적을 200퍼센트 이상 얻어간다. 비결은 청자에게 생각할 여유를 충분히 마련해 주는 것이다. 한 잔의 차, 조용하고 아늑한 분위기, 부드러운 말투, 미소가 곁들여진다면 더 풍성한 대화의 결실을 얻을 수 있다.

의도가 숨겨진 질문 & 의도를 흘리는 질문

A : 연극 좋아하세요?
B : 음, 뭐 좋아하지 않는 건 아닌데, 전 영화가 더 좋아요,

A는 연극을 B와 함께 보고 싶어서 의중을 물었는데, B는 A의 의도를 모르고 답한 경우이다.

결국 이 둘은 연극을 보러 가지 않았다. A의 입장에선 B의 선호도를 사전에 확인하여 연극을 보러 가자고 제안하는 우(?)를 범할 실수를 방지한 효과는 있으나, 자신이 하고 싶은 걸 하지 못한 아쉬움이 남는다.

만약 B가 A의 의도를 알아차리는 센스쟁이라면, 결과는 달라졌을 것이다.

선의의 거짓말로 B가 이렇게 말했다면 어떨까?

B : 네, 좋아하지만 볼 기회가 좀처럼 없어서요….

A : 그럼 잘 됐네요. 저와 같이 연극 보러 가실래요?

이렇게 전개되면 다행. 하지만 현실은 아닌 경우가 많다. 인간은 본능적으로 자기중심적이기 때문이다. 상대의 질문이 자신에게 관심이 있거나 자신의 의사를 묻는 거라고 생각하는 것처럼 질문이 자기에게로 향한다고 생각하기 때문이다.

그럼, 이를 방지하려면 A는 어떻게 질문해야 할까?

A : 저는 연극을 좋아해요. 괜찮으시다면, 연극 같이 보러 가지 않을래요?

자신의 기호를 슬쩍 흘린 다음, 상대의 동의를 구하는 질문 순서를 따르는 것이다. B가 A를 아주 싫어하지만 않는다면 반대할 이유는 크지 않을 것이다.

유도형 질문

유도형 질문은 변호사, 검사가 주로 활용하는 것으로 어떤 관점을 전제로 하여 원하는 답을 이끌어내는 질문이다. 적절히 활용하면 상대의 의중을 '확인'할 수 있다.

"요즘도 골프 치세요?"
"네."

'요즘'과 '요즘도'는 다르다. '도' 하나 차이로 과거에도 골프를 쳤다는 사실을 확인할 수 있다.

"A사장에게 돈을 준 이유가 무엇이죠?"

돈을 준 것을 전제로 하는 질문이다. 질문을 받은 사람은 질문하는 사람이 A사장에게 돈을 준 사실을 '알고' 있다고 상상하게 만든다. "A사장에게 돈을 준 적이 있나요?"라는 질문과는 진도가 다르다.

이처럼 유도형 질문은 상대의 진실을 끄집어내는 데 유용하지만 유의점도 있다. 청자와 질문자 간의 인간관계가 그리 친밀하지 않을 경우 너무 앞서는 것을 경계하는 것. 가령, 생전 처음보는 자리에서 남자가 차를 마신 후 "바로 요 앞에 걸어서 5분이면 미술관이거든요. 늦으면 마감되니 서둘러 가시죠." 라고 상대의 의사도 묻지 않고 미술관에 가는 것을 전제로 하면 상대방은 의사를 존중받지 못했다고 생각해 불쾌해 할 수 있다.

차이를 구별하는 질문 & 같은 점을 묻는 질문

"틀린 걸 고르시오."
"틀린 걸 하나 고르시오."

둘 간의 차이는 무엇일까? 첫 번째 질문은 답이 몇 개인지 알 수 없고, 두 번째 질문은 답이 하나라고 질문이 알려준다. 실력 차이를 구분하는 변별력은 첫 번째 질문이 크다.

무언가 차이점을 묻는 질문과 같은 점을 묻는 질문 중 어느 게 더 어려울까?

차이점이 얼마나 두드러지게 표현되는지에 따라 다르겠지만, 일반적으로는 차이점을 찾는 게 더 어렵다. 그래서 대부분의 시험문제는 같은 점을 묻는 질문보다 다른 점을 묻는 질문이 많다. 하지만 '창의력'을 기르는 관점에서 보면 같은 점이나 다른 점이나 크게 차이가 없다. 서로 전혀 다른 물건에서 같은 점을 찾으려면 속성과 특징을 속속들이 알고 있어야 한다. 가령, 책과 컴퓨터의 같은 점이 무엇이냐는 질문에 답하려면 책과 컴퓨터의 장단점, 특징들을 잘 알아야 한다. 서로 비슷한 물건에서 다른 점을 찾는 것도 만만한 일은 아니다. 아이폰과 갤럭시폰의 다른 점을 묻는 질문에 답하려면 두 제품을 써본 경험이 있고 각각의 특징, 속성들을 역시 세밀히 알아야 한다.

창의성 면에서는 다른 것을 같게 보고, 같은 것을 다르게 보는 양면의 관점이 요구된다. 가령, 다른 것을 같게 보는 것은 문학 창작력을 높인다.

별처럼 영롱한 눈동자
사랑이 꽃피는 나무

별과 눈동자를 동질로 보는 시각, 꽃과 사랑을 동일하게 바라보는 시선이 창의적 표현을 만들었다.

이번엔 '같은 것을 다르게 보는' 예이다.

'시간'을 알려주는 시계 → '패션'을 표현하는 시계 「스와치」

'쓰는' 용도의 휴지 → '선물' 용도의 휴지「잘풀리는집」

같은 시계지만 패션상품의 아이콘이 된 '스와치', 같은 휴지지만 집들이 할 때 선물용으로 좋은 의미를 담고 있는 '잘풀리는집'은 남들과 다른 관점으로 해석해서 비즈니스를 창출한 예이다.

창의성을 높이고 싶다면 이처럼 같은 점과 다른 점을 묻는 질문이 도움이 될 것이다.

Reverse Question

우리의 고객은 누구인가?
누가 우리 고객이 아닌가?

고객에 대한 정의를 내릴 때 '고객'에 초점을 맞출 수도 있고, '고객이 아닌 대상'에 초점을 맞추어 고객을 거꾸로 유추할 수도 있다. A를 고객이라고 하면,

전체 - (not A) = A

A와 not A는 서로 배타적이면서 연결되어 있다.
할 일은 무엇인가?

하지 않아야 할 일은 무엇인가?

'할 일'이 무엇인지 명확하지 않거나 너무 방대한 경우는 반대로 '하지 않아야 할 일'의 목록을 찾는 게 빠르다. 이처럼 어떤 것을 생각해 낼 때 역질문을 통해서도 원하는 것에 접근할 수 있다.

어떤 영화를 볼까?

어떤 영화를 보지 않을까?

무슨 영화를 볼지 고민될 때는 반대로 보고 싶지 않은 영화를 리스트에 올려 하나씩 제거해 나가면 최종 후보가 남아 선택할 범위가 줄어들어 의사결정을 간단하게 할 수 있다.

질문의 창조성

11장
위대한 발명의 도화선

모든 발명은

'가설→ 실험→검증' 단계를 따른다.

여기서 가설을 세우는 것은

아직 답을 모르는

질문을 세우는 일이다.

수정액의 발명

1950년대 타자기가 널리 보급된 시절, 이혼녀 베트 네스미스 그레이엄(Bette Nesmith Graham, 1924~1980)은 은행 비서로 일하면서 주로 타자기를 많이 활용했다. 새로 발명된 전동타자기는 손가락에 힘이 덜 들어가 치기 편하지만, 살짝 건드려도 글자가 새겨지기 때문에 오타가 많았다. 그레이엄은 돈을 더 벌기 위해 재능을 살려 주말에 은행 창문에 글을 새기는 예술가로 활동했는데, 페인팅 작업을 하다 보니 예술가는 실수하더라도 덧칠을 해서 수정한다는 것을 새삼 깨달았다. 타자를 칠 때 실수가 용납되지 않은 것과는 달랐다. 그레이엄은 문득 질문을 떠올렸다.

"색칠을 할 때처럼 타자를 치다가 틀리면 덧칠하면 어떨까?"

그레이엄은 물과 물감을 섞은 혼합액을 만들어 아침에 출근, 타자를 치다 오타가 나면 이 용액을 발라서 마르면 그 위에 타자를 다시 치는 식으로 작업을 했다. 그레이엄은 아들의 화학 선생님 도움을 받아 개선된 교정혼합액을 5년 동안이나 사용했다. 몇몇 직장상사는 그녀에게 교정 혼합액을 사용하지 않도록 권했지만 동료들은 그녀의 교정혼합액

'paint out'을 자주 찾았고, 충분히 상업성이 있을 거라 확신한 그레이엄은 1956년 교정혼합액을 상품화한 '미스테이크 아웃Mistake Out'을 마케팅하기 시작하였다. 후에 이것은 'Liquid Paper'로 개명되었다.

이 편리한 발명품은 오늘날 화이트(White, 수정액)로 불리며 전 세계적으로 널리 쓰이고 있다.

즉석카메라의 발견

1943년, 30대 중반의 에드윈 랜드(Edwin Land, 1909~1991)는 뉴멕시코 산타페에서 가족과 함께 단란한 시간을 만끽하며 휴가를 보내고 있었다. 그는 3살 된 딸 사진을 찍던 중 딸로부터 질문을 받았다.

"아빠, 왜 사진을 찍으면 한참 기다려야 볼 수 있어요?"

설명하자면 한참 길어질 텐데 3살 딸의 의도는 사진을 찍으면 바로 보고 싶은데 왜 기다려야 하는지 궁금했던 것.

에드윈은 문득 다른 사람들도 딸처럼 사진을 찍으면 바로 보기를 원하지 않을까 생각했다. 딸의 순진무구한 질문 하나가 사진은 오랜 현상 과정에서 나온다는 당연했던 '규칙'

을 다시 생각하게 만들었다. 딸의 질문은 에드윈이 "사진현상소처럼 카메라 안에 작은 암실을 만들면 어떨까?"라는 추가 질문을 이끄는 도화선이 되었다. 이 질문은 훗날 스티브 잡스가 탐내던 기업이자 제품명인 폴라로이드Polaroid 즉석카메라의 발명을 낳게 했다.

물론 질문한다고 모든 사람이 에드윈처럼 생각하는 것은 아니다. 딸의 질문이 과연 최초일까? 그렇진 않을 것이다. 그 전에도 에드윈의 딸처럼, 호기심 가득한 궁금함을 가진 소년 소녀들이 있었을 것이다. 중요한 건 질문을 받을 때 이를 대하는 '리액션'이다. 에드윈은 딸의 질문에 여느 아빠처럼 친절하게 과학 원리와 기술을 설명해 줄 수도 있었다.

하지만 에드윈은 답변자의 충실한 의무보다 질문자 관점에서 문제를 생각했다. 딸의 질문보다 아빠의 대응이 더 위대하다. 그렇다고 딸아이의 질문을 평가절하 하는 건 아니다. 딸의 질문은 머리가 다 자란 어른들에서 결코 나올 수 없는 질문이기 때문이다. 아이들은 관련된 지식과 경험이 없어서 선입관이 끼어들 여지가 없다. 피카소가 아이처럼 생각하기까지 평생이 걸렸다고 말한 건 농담이 아니다.

아이처럼 생각하고 바라보라. 그리고 아이처럼 질문하라. 세상의 편견과 통념에 가려진 아름다운 보석이 빛을 발할 것이다.

컴퓨터 기계언어 소통을 해결한 그레이스 호퍼

컴퓨터 과학자이자 여성 해군중위 그레이스 호퍼(Grace Brewster Murray Hopper, 1906~1992)에게 기계어를 프로그래밍 하는 역할이 주어졌다. 그녀가 소속된 하버드 컴퓨터 연구소에서 2차 세계대전에 쓰일 탄도학 문제를 풀고자 한 것. 당시 컴퓨터는 16진수 기계어로 지금처럼 일상 영어 단어를 쓰지 않고 숫자와 영어 철자의 조합(가령 B3 A1 8F)으로 되어 있어 사람이 이해하기 힘든 '의미 없는' 어려운 코드의 집합이었다.

호퍼는 생각했다.

"프로그래머(사용자)가 알기 어려운 기계어가 아닌, 인지하기 쉬운 지시어를 입력하면 어떨까? 입력 받은 지시어를 컴퓨터가 이해할 수 있는 기계어로 다시 번역해 준다면?"

1951년 그녀는 지시어를 기계어로 자동 변환하는 프로그램 '컴파일러'를 개발했다. 이로써 서너 명이 잠자는 시간 빼고 하루 종일 매달려야 했던 일을 한 사람이 단 1시간만에 작업을 끝내는 일대 혁신을 이루었다. 어려운 기계어를 다루는 특정 소수의 '성역'이 해체되고 배우기 쉬운 지시어만 잘 활용해도 프로그래밍을 다룰 수 있는 프로그래밍 민주화 시대가 열린 것. 해군은 그녀의 업적을 높이 샀고 호퍼는 유리

천장의 벽을 깨고 별을 달았다.

GPS 발명의 단초가 된 질문

1975년 인류 최초의 인공위성인 소련의 스푸트니크호 Sputnik 발사가 존스홉킨스대학 응용물리학과 연구생들 사이에서 최대 화젯거리가 되었다. 연구생 가이어William Guier와 와이펜바흐George Weiffenbach는 구내식당에서 함께 밥을 먹던 다른 연구생들과 함께 얘기를 나누었는데 연구생 한 명이 흥미로운 제안을 했다.

"너희들, 혹시 인공위성이 움직이는 소리 들어본 적 있니? 알다시피 인공위성은 우주공간에서 지구로 신호를 보낼 텐데, 잘 하면 그 소리를 들을 수 있지 않을까?"

극초단파 전문가였던 와이펜바흐는 연구생의 제안에 흥미를 느끼고 실험실에 앰프와 안테나를 설치, 인공위성 주파수를 잡는 데 성공했다. 소문을 듣고 찾아온 연구생들은 흥분을 감추지 못했다. 어떤 학생은 녹음까지 하자며 분위기가 한껏 달아올랐다. 그때 한 학생이 제안을 했다.

파동 발생의 근원인 파원과 관측자 간 거리가 좁아질 때는 상대적으로 주파수가 높게, 멀어질 때는 주파수가 낮게 관측되는 현상인 '도플러효과'를 이용해서 인공위성의 속도를 알아내자는 기막힌 아이디어였다. 똑똑한 연구생들은 인공위성의 궤적을 통해서 속도를 계산해냈다.

소문이 지도교수 프랭크 맥클러Frank McClure에게까지 흘러들어갔다. 맥클러는 연구생들을 불러 모아 놓고 말했다.

"인공위성의 위치를 계산해 냈더군! 잘했네. 그럼, 그 반대로 지상에 있는 어떤 물체의 위치를 알아낼 수도 있지 않을까?"

냉전이 아직 종식되지 않았던 당시 태평양 한가운데 적군의 핵잠수함이 활보하는 것을 미국으로서는 눈뜨고는 보지 못할 골칫거리였던 것. 맥클러의 질문은 GPS 연구개발을 촉발시켰다. 군사 목적으로 개발된 GPS가 오늘날 휴대폰에까지 보편화 된 것은 1983년 뉴욕발 알래스카를 경유하는 서울행 대한항공 007편이 관성항법장치 오류로 항로를 벗어나는 바람에 소련에 격추된 사건이 벌어져 로널드 레이건 미국 대통령이 재발 방지와 집단지성으로 기술발전을 도모하기 위해 민간에 GPS 기술을 개방한 것이 계기가 되었다.

12장

세상을 뒤바꾸어 놓은 비즈니스의 출발점

신식은 시간이 지나면 구식이 된다.

영원한 신식은 없다.

구식은 새로운 신념으로 대체되고,

그 새로운 신념은 또 다시 다른 신념으로 대체된다.

기존의 사슬을 끊고 새로운 가치사슬을 만들어내는

창조적 기업의 출발점은 무엇일까?

무엇이 남다른 차별점을 만들까?

무엇이 독창적이면서 탄탄한 사업모델을 만들도록 작용할까?

골리앗을 허무는 다윗의 현대판 돌팔매를 만들어내는

근원의 힘은 무엇일까?

국민기업 카카오와 네이버 창업자 김범수의 습관

초등학교 시절 김범수는 백과사전을 즐겨 보던 중 수학자 가우스 이야기를 읽고 충격을 받았다. 선생님이 일부터 백까지 더해서 나온 답이 무엇인지 물었는데, 다른 친구들은 순서대로 1+ 2 + 3 + ... + 100으로 계산한 반면, 가우스의 계산법은 남달랐다. 1부터 100까지 더하는 수식을 열거하고 줄을 바꿔서 100부터 1까지 거꾸로 더하는 식을 세웠다.

101이 100개 있으니 101x100=10100, 다시 이 값을 2로 나눠 5050의 답을 이끌어 낸 것. 다른 학생들과 답은 같았지만, 푸는 과정은 독창적이었다.

초등학교 3학년에 불과한 가우스가 문제를 색다르게 푸는 과정을 보고, 김범수는 뭔가 생각을 필요로 할 때마다 '남들과 다른 관점은 없을까?' 하며 의도적으로 남들과 다르게 생각하는 태도를 견지했다. 김범수는 대학을 졸업하고 S기업에 입사했다. 그런데 난감한 일이 생겼다. 프로그래밍을 전혀 할 줄 몰랐던 그에게 회사가 프로그램을 만들라고 한 것. 그는 마음속으로 질문을 던졌다.

'프로그래밍은 할 줄 모르는데 지금부터 공부해봤자 남들과 경쟁이 안 될 게 눈앞에 훤한데, 이런 상황에서 나는 어떻게 하지?'

그는 스스로의 질문에 대한 6개월 뒤를 상상했다.

'지금 당장은 남들과 경쟁해서 뒤쳐지지만 6개월이 지나면 남들보다 경쟁력을 가질 수 있는 게 무엇일까?'

그는 앞으로 윈도우가 유망하다는 주변 선배들의 말에 영감을 받아 당시 포트란, 코볼 같이 업계에서 주로 쓰였던 컴퓨터언어 대신 6개월 동안 C++와 윈도우만 파고들었다. 그런데 묘하게도 기적 같은 일이 발생하였다. 회사에서 클라이언트-서버 방식의 윈도 운영체제 프로젝트를 수주한 것. 당시는 'PC통신=천리안' 공식이 성립했던 시절. 하지만 텍스트를 직접 입력하는 방식이라 손이 많이 가는 불편함이 있었다. 운 좋게도 김범수가 불과 6개월 전 공부했던 C++와 윈도우는 아무도 시도하지 않은 생소한 분야였지만, 천리안을 대적하는 신무기가 되어 주었다. 고작 프로그래밍에 입문한지 6개월밖에 안 됐지만 졸지에 사내강사로 활동, 해당 프로젝트에 투입되며 능력을 인정받았다. 게다가 이 분야에 뛰어든 사람이 없다 보니 경쟁 없는 블루오션이었다. 이런 배경에서 국내 최초 윈도우용 PC통신 전용 에뮬레이터 '유니윈'이 탄생했다. 김범수는 이때의 경험으로 어떤 문제가 닥치면 6개월 후를 상상하는 습관이 생겼다. 또 한 번 절묘한 기회가 찾아왔다. 인터넷이 막 붐을 이룰 때 김범수는 6개월 후에 어떤 게 뜰지 생각했다.

'인터넷 기본 속성이 네트워크 아닌가! 컴퓨터와 컴퓨터의 연결. 이는 곧 사람과 사람의 연결. 사람과 사람이 만나면 무얼 할까?'

질문에 질문 끝에 영감을 받은 김범수는 과감하게 회사를 그만두고 '한게임'을 창업하였다. 김범수를 보면 주어진 시간을 충분히 다 쓰고 장고 끝에 수를 두는 바둑기사가 연상된다. 어떤 일을 시작하기 전에 곰곰이 질문하는 습관은 쉽게 얻을 수 없는 덕목이다. 남 다른 안목이란 결국 질문을 거듭하며 남이 생각한 수 이상을 내다보는 치열함의 끝에서 나온다.

브래지어 구매의 새로운 기준 '트루엔코'

창업 5년만에 PVH에 성공적으로 매각(1,300만 달러로 추정)된 스타트업 트루엔코 True&co의 성공비결은 한 단어로 '질문'이다. PVH 그룹은 캘빈클라인, 타미힐히거 등 의류 전문 브랜드군을 보유한 기업으로 업계의 불황 중에도 고속 성장하는 실력 있는 기업으로 통한다.

넷플릭스(Netflix, 1997~) 엔지니어 미쉘 람은 백화점에 속옷을 사러 가서 무려 2시간 동안 수십 개 브래지어를 착용해봤지만 자신에게 딱 맞는 옷을 찾을 수 없었다. 그렇게 그냥 빈손으로 돌아오는 경우가 자주 있었던 미쉘 람은 자책했다.

'내가 문제일까? 내가 비정상일까? 아니면 다른 사람들도 나처럼 몸에 맞진 않지만 어쩔 수 없이 입는 건 아닐까?' 속옷 구매 실패로 지친 그녀의 머릿속엔 많은 생각들이 스쳐 지나갔다. '왜 내게 맞는 브래지어가 없는 걸까?'

미쉘 람은 진지하게 곰곰이 이 문제를 생각했다. 그리고 깊은 생각 끝에 문제의 원인은 자신이 아니라 제조사가 만든 제품에 있다고 결론을 내렸다. 생각해보니 속옷 업계는 천편일률적인 '사이즈'에 집중돼 있었다. A컵/B컵/C컵, 75A/85A/100A 등 브래지어 규격은 몇 가지로 나뉘어져 있는데 그 기준이 사이즈였다. 미쉘 람은 질문을 던졌다.
'왜 가슴모양은 고려하지 않지?'
미쉘 람은 같은 문제로 마음이 통한 마이크로소프트 엔지니어 아티 라마무티와 회사를 공동 창업했다. 이들이 처음 벌인 일은 시중에 나온 브래지어를 있는 대로 몽땅 사들여서 지인들에게 착용해보도록 한 것. 둘은 이 '행동경제학'의 실험무대로 비즈니스의 초석이 될 '질문 알고리즘'을 고안했다.

트루엔코 온라인 홈페이지에 방문한 사람은 회원가입을 하기 전에 먼저 이런 질문들을 받는다.

"밴드 착용상태는 어때요?" (위로 올라감 / 잘 맞음 / 꽉 쪼임)
"(당신이 착용한) 브래지어 어깨끈은 어때요?" (풀림 / 흘러내림 / 꽉 쪼임)
"착용할 때 당신이 아픈 부위는 어디죠?" (밴드 / Underwire 아래 / Underwire 옆라인 / 가슴 중앙 /없음)

이런 식의 수십 가지 질문에 보기 중 하나 또는 그 이상을 선택, 응답하면 회원에게 적합한 제품 세 개를 추천해 준다. 입어보고 맞지 않으면 무료 반품은 기본. 5백만 명 이상의 회원들이 질문에 답을 하고 제품을 사용했다. 이제 트루엔코는 속옷계의 넷플릭스로 통한다.

트루엔코를 비롯한 넷플릭스, 와비파커, BOTM 등 성공한 정기 배송 서비스의 공통점은 무얼까?
이들은 고객에게 서비스하기 앞서 설문을 제시한다. 질문지의 답을 분석해서 고객에게 가장 적합한 물품을 배송, 실패 확률을 줄인다. 고객 입장에서 질문에 답하는 건 여간 번거로운 일이 아니다. 업체 입장에서도 고객이 자칫 대충 빨리 적은 답일 경우 엉뚱한 서비스로 이어질 위험도 도사린다.

하지만 질문하지 않으면 고객의 마음은 하늘에 뜬 구름처럼 손에 잡히지 않는다. 얻으려면 물을 수밖에 없다. 질문은 다른 마케팅 수단과 비교하면 돈이 거의 들지 않으면서 '고객의 마음'을 끄집어내는 괜찮은 수단이다. 고객을 개별적으로 만나 일일이 인터뷰를 할 순 없는 노릇이다. 물론 질문자의 의도가 담길 수밖에 없는 설문은 답을 특정 방향으로 모는 경향이 있어서 답변자의 자유로운 생각을 이끌어내는 데 한계가 있다. 하지만 정교하게 질문을 다듬는다면 고객 성향을 파악하는 데 큰 도움이 된다. 질문을 어떻게 잘 만들고 순서대로 배치하느냐에 따라서 사업모델 성공 여부가 달린다.

미래엔 답을 내지 않고 '질문'만 전문적으로 만드는 직업이 생길지도 모른다. 인터뷰나 설문지에 답을 하면 '적은 돈'을 받는다. 반면 질문을 잘 만들면 '적지 않은 돈'을 받을 수 있다. 사실 이미 질문을 전문적으로 해서 돈을 버는 컨설팅 회사가 있지 않은가. 획기적인 답을 찾아주는 이들은 넘보기 힘든 능력자 같지만 이들의 공공연한 업무 노하우는 '질문'이다. 개인이든 조직이든 스스로 질문하지 않는 습성이 있다. 이 습성이 컨설팅업계를 지탱해 준다. 의뢰인에게 묻지 않고도 문제를 해결하는 회사가 있다면 단연코 최상의 통찰자이겠지만 그런 회사는 존재하지 않는다.

답을 찾는 데 쓰는 노력 이상 필요한 일은 무얼까?

어떻게 하면 수준 있고 적합한 질문을 할지 연구하는 일이다. 미래는 하나의 답이 아닌 여러 답이 공존하고 인정받는 세상이다. '개인화' '다품종 소량생산' '다각화' '다원화' '개성의 존중' 등 지금껏 그래왔듯이 미래는 다양성이 증대되는 방향으로 진화할 것이다. 어떤 답도 답이 될 수 있다. 하나의 답만이 답이 된다고 생각하는 건 다른 답을 아직 찾지 못했기 때문이다. 기존의 '답'보다 더 진보한 '답'이 이 순간에도 계속 쏟아지고 있다.

껍질 깔 필요 없는 계란 삶는 도구 '에기스'

미국 휴스턴에 사는 벳시 라브레비 코프먼Betsy Ravreby Kaufman은 데블드 에그(Deviled egg, 완숙된 계란을 반 잘라서 다진 노른자에 올리브를 얹어 먹는 서양식 계란 음식)를 만들어 먹곤 했는데, 계란껍질 까는 일이 무엇보다 귀찮았다. 잘게 조각난 껍질을 모아서 버리는 것도 '일'이었다.

'달걀을 삶아도 껍질을 벗길 필요가 없다면 얼마나 편할까?'

그녀는 아이처럼 문득 떠오른 엉뚱한 생각이 왠지 이루어
질지도 모른다는 기대를 갖고 아이디어만 있으면 구체화해
주는 회사 에디슨네이션Edison Nation에 자신이 상상한 아이디
어를 상품화 해 줄 것을 요청했다.

사진 출처 : 구글

1년의 제품화 과정을 거쳐 사진과 같은 아담한 계란 삶는
도구 에기스eggies가 탄생했다. 제품사용법은 간단하다. 평소
계란을 삶는 방법과 다른 점은 날계란을 까서 에기스에 넣

고 뚜껑을 닫은 다음 통째로 끓는 물에 담근다는 점. 다 익으면 물에서 에기스를 건져낸 다음 뚜껑을 열면 껍질 없이 바로 먹을 수 있는 삶은 달걀이 나온다.

아이디어를 상품으로 만들어 주는 회사 에디슨네이션이 없었다면 벳시 라브레비 코프먼의 아이디어는 단지 상상에 그쳤을 것이다. 그런데 에디슨네이션이 결정적으로 갖지 못한 게 있다. 벳시 라브레비 코프먼 같은 사람의 엉뚱한 상상력이다. 상상의 아이디어가 없으면 'What'도 없다.

에디슨네이션은 사람들의 상상력으로 먹고 산다. 일단 남들이 생각지 못한 아이디어가 나오면 상품은 어떤 식으로든 나오게 마련. 그 시초를 여는 아이디어가 에디슨네이션에겐 절실히 필요한 사업재료인 셈이다.

상상을 질문으로 바꾸는 능력만 있으면 현실이 되는 세상이다. 혼자 모든 걸 고민할 필요는 없다. 특별한 질문 하나면 충분하다. 애써 답을 찾지 않아도 된다. 이제 세상은 답을 내는 사람보다 최초로 질문하는 사람을 기억한다.

블록버스터를 누른
미디어업계의 스트리밍 평정자 '넷플릭스'

기업가치 147조 원, 전 세계 190개국 유료가입자만 7천만 명 이상을 모은 넷플릭스(Netflex, 1997~)는 어떤 계기로 창업하게 되었을까? 창업자 리드 헤이스팅스Wilmot Reed Hastings Jr.는 당시 비디오 대여업체 업계 No.1인 블록버스터에서 빌린 비디오 테이프를 제때 반납하지 못해 과다한(?) 연체료를 물어야 했다. 상호간의 약속이니 당연히 연체료를 내야 하지만 한편으론 불만스러웠다.

사람은 이익을 얻는 것보다 손해를 입지 않으려는 심리 강도가 훨씬 강하다. 이익을 보면 100만큼 좋다면 같은 액수의 손해를 보면 200, 300 이상의 강도로 기분이 나쁜 법이다.

리드 헤이스팅스는 자문했다.

'왜 연체료를 내야 하지?'
'(고객이) 연체료를 내지 않아도 (업체가) 비디오 테이프를 제때 회수할 수는 없을까?'

리드 헤이스팅스가 보기엔 업체가 연체료를 물리는 것은 제때 비디오테이프를 회수하기 위한 것이지 연체료 수익 자체를 목적으로 하는 건 아니었다. 그보단 회수되지 않은 비디오 테이프 손실이 경영 악화를 끼치는 것이 문제라고 생각했다.

'(기분 나쁜) 연체료를 없앤다면?'

'연체료를 받지 않고도 경영에 문제가 없도록 하려면?'

'헬스클럽처럼 회원제로 월 구독료를 선불로 받는다면 건당 대여료를 받는 것보다 더 큰 금액을 미리 확보하므로 오히려 자금난을 겪을 위험이 현저히 줄어들지 않을까?'

'그럼, 기간 내 반납하지 않은 경우는 어떻게 해결할까?'

이 문제는 대여해간 비디오 테이프를 반납했을 경우에만 다른 비디오 테이프를 대여해 주는 규칙을 만듦으로써 간단히 해결했다.

리드 헤이스팅스는 1997년 넷플릭스를 창업, 비디오와 DVD를 저렴한 가격으로 배송하는 것을 시작으로, 그로부터 20년이 지난 2017년 매출 110억 달러(11조 7천억 원), 가입자 1억 1,700만 명을 보유한 세계 최대 온라인 동영상 스트리밍(OTT) 업체로 일약 발돋움했다.

일회용 문신 프린터 '프링커'

문신은 보기엔 멋있을 수 있지만, 신체에 영구적으로 흔적이 남고 견디기 힘든 아픔을 준다. 그동안 이 '규칙'은 스케치온이 있기 전까지는 당연하게 여겨져 왔다. 창업지원 프로그램 'C랩'에서 스핀오프Spin off한 스케치온은 삼성전자 엔지니어 출신 3명이 공동창업한 회사로, 유럽 최대 스타트업 축제인 '슬러시 2016'에서 준우승까지 한 실력 있는 벤처다.

이들이 창안한 상품은 문신 제조기. 미니프린터처럼 생긴 기기가 사람의 손길을 대신하여 '프린팅' 해 준다. '그리고 새기는' 것에서 단 5초만에 '프린팅' 하는 방식으로 변화한 것. 기존 문신은 한 번 새기면 지우기가 어려웠지만, 스케치온에서 만든 프링커로 문신하면 언제든 지울 수 있어 부담이 없다.

신선한 아이디어가 돋보이는 프링커가 세상에 나오는 데 결정적으로 작용한 요인은 무엇일까?

회사 공동창업자 Y이사는 대학 수업시간에 신사업을 개발하는 과제를 받았는데, 평소 문신을 새기고 싶었지만 용기를 낼 수 없던 차에 이번 기회로 고통 없이 즐길 수 있는 일회용 문신을 개발해보면 어떨까 생각했다. 하지만 아이디어만 있었지 구체화 할 기술이 없던 그는 학교를 졸업하고 취업을 했다. 이루지 못한 꿈이 늘 가슴 한편에 남았는데, 우연히 사내 신사업 공모전에 응모해서 과제로 인정받아 본격적으로 꿈을 실현할 길을 열 수 있었다.

기존 문신은 주로 헤나가 쓰였다. 헤나는 이집트가 원산지로 잎은 모발 염색이나 문신에 쓰이고, 꽃은 향수 원료로 쓰인다. 문제는 지우는 데 오랜 시간이 걸린다는 것. 장점이 될 수도 있지만, 초보자나 단기로만 하고 싶은 사람에겐 장애 요인이 된다. 그렇다고 스티커는 디자인이 미리 정해져 있고 단순해서 대안이 되지 못했다.

'어떻게 하면 이 맹점들을 극복할 수 있을까?'

Y이사의 머릿속에 맴도는 질문이 결국 문신 프린팅기기 '프링커' 개발에 이르게 한 동인이 되었다.

현재의 UX(User Experience)를 당연하게 보지 않는 것에서 창조가 시작된다. 사용자는 불편함과 문제점을 말하지 않는다. 불편해도 참고 지내다 보면 익숙해지고 그렇게 습관화되면 문제는 '없는' 것이 된다. 문제(=기회)는 설문 조사해서 쉽게 알아낼 수 있는 게 아니다. 문제는 창조와 재발견의 영역이다. 관찰과 남다른 반향적 생각, 다르게 생각하는 자유로움, 기존의 평탄하고 고착화된 것에 반기를 들고 'why'와 'why not'을 외치는 문제의식에서 비롯된다. 문제를 느낀다는 것은 의문을 품는 것과 같다.

기존의 문신은 상당한 고통과 비용이 수반되었다. 사람들은 그것을 당연히 받아들인다. 통념과 관행이다. 누구 하나 불편을 '대놓고' 말하지 않는다. 불편을 감수할 뿐이다. 늘 그래왔으니까, 당연하다는 의식이 깊이 박혀 있다. 그런데 누군가가 그 당연함을 깨뜨리면 사람들은 그제야 기존의 것들을 '불편'하게 여긴다. 이처럼 산업 지형을 새롭게 바꾸는 창조물은 기존의 것을 '불편'하게 만든다.

'정말 기발한데! 왜 나는 이런 생각을 못했을까?'

한번쯤 가져 보았을 생각이다. 사람들은 기존의 것보다 편하고 합리적인 신제품에 서서히 익숙해진다. '새로운 익숙함'이 '기존의 익숙함'을 잊게 한다.

저렴하지만 명품 못지 않은 '닉스 코스메틱스'

글로벌 화장품 회사 로레알(L'Oreal)에 5억 달러(약 5,600억 원)에 팔린 닉스 코스메틱스NYX Cosmetics의 창업주 토니 고Toni Ko의 지분은 2억 7,000만 달러(약 3천 억 원)에 달한다.

그녀는 대구 출신으로 열세 살 어린 나이에 미국으로 이민을 갔다. 그녀는 수업을 끝내고 남은 시간을 어머니가 운영하는 작은 화장품 가게에서 보냈다. 자연스럽게 화장을 좋아하게 된 그녀는 백화점에서 명품 화장품을 보러 갔다가 '터무니없는(?)' 가격에 놀라 일반 의약품과 화장품 등을 함께 판매하는 드러그스토어Drugstore에서 값싼 화장품을 사는 데 만족해야 했다.

그때 문득 들었던 생각!

'왜 저렴하면서 품질 좋은 화장품은 없는 걸까?' 가슴에 깊숙이 자리 잡은 이 소명은 스물다섯 살, LA 다운타운가에 화장품 회사 '닉스 코스메틱스'를 창업할 때까지 잊히지 않았다. 그녀는 싸고 질 좋은 화장품을 판매한다는 소명의식을 상품에 반영하고자 당시로선 다른 매장에 비해 저렴한 1.99달러의 펜슬 아이라이너Eye liner와 립라이너 Lip liner를 출시했다.

 하지만 사업은 순탄하지만은 않았다. OEM으로 주문제작 받은 제품 품질이 기대 이하일 경우엔 컨테이너 째로 모조리 버리는 눈물의 결단을 해야 했다. 다행히 운명의 여신은 그녀의 편에 있었다. 시간이 지날수록 뛰어난 가성비를 가진 상품으로 소비자들에게 인식되기 시작했던 것. 한번 신뢰를 얻기 시작한 그녀의 제품은 유튜브 등 SNS를 통해 자발적으로 공유되면서 신뢰와 성장의 두 마리 토끼를 함께 얻었다.

 기업이 저지르는 치명적인 실수가 창업 초기 이념을 잊어버리는 것이다. 시대 변화에 따른다는 그럴듯한 논리가 뒤따른다. 하지만 소비자는 기업의 변심을 귀신같이 안다. 마음이 변한 애인을 떠나듯 소비자도 믿었던 기업을 미련 없이 떠난다. 소비자는 제품을 구매하지 않는다. 제품을 만든 회사의 철학을 산다. 소비자가 재구매를 하지 않는다면 변심한 기업철학에 실망했기 때문이다.

닉스 코스메틱스의 철학은 '싸면서 질 좋은 제품을 만드는 것'이다. 로레알도 주인이 바뀌면서 이 철학이 언제까지 지켜질지는 지켜봐야 하겠지만, 창업자 토니 고Toni Ko의 '왜 저렴하면서 품질 좋은 화장품은 없는 걸까?' 하고 품었던 젊은 날의 의문이 닉스 코스메틱스의 팬덤 고객들 또한 품었던 의문이란 걸 잊지 않는다면 꾸준한 성장을 이어갈 것이다.

내가 느끼는 '의문'이 나만이 아닌 다른 사람도 느끼는 '의문'이 될 수 있다. 자신을 믿는다는 것이 이것이다. 사업에서 '나를 믿는다.'는 것은 내가 생각하는 것과 같은 생각을 하는 사람이 있을 거란 믿음이다. 어떤 의문이 생길 때가 있다. 그게 나만의 생각일지 모른다고 여겨질 수도 있지만, 설마 70억 인구 중에 한 명도 없을까? 사람들은 겉으로 드러내지 않을 뿐 인간이 느끼는 감정과 생각은 비슷한 구석이 많다.

의문을 품는 자신을 믿으라.

카드 결제를 꺼리는
스웨덴 사람들의 마음을 돌려놓은 '클라르나'

2005년 스웨덴에서 창업한 핀테크기업 클라르나Klarna는 유럽 최고의 온라인 결제 플랫폼 회사이다. 스웨덴 사람들은 온라인 카드 결제를 꺼린다. 개인정보가 인터넷에 남기 때문이다.

인터넷이 지금처럼 대중화되기 이전 시절엔, 물건을 건네받기 전에 미리 결제하는 방식은 굉장히 생소했다. 주문한 상품이 제대로 도착할지 알 수 없을 뿐 아니라, 실물이 기대했던 것과 다를 경우 환불 등 절차가 번거롭기 때문에 인터넷 활성화의 걸림돌이 되었기 때문이다. 클라르나는 "구매하고 14일 후 결제"라는 방식으로 이 문제를 해결했다.

온라인에서 상품을 선택하면 결제수단을 선택하는데, 결제수단 리스트에는 신용카드, 은행 송금 등 기존 전통적인 결제방식 외에 '구매하고 14일 내 결제'가 새롭게 추가된 것. 하지만 바로 결제가 되지 않는 방식이 소비자 입장에선 환영할 일이지만, 이를 채택한 공급업체는 자금상 문제가 생길 수도 있는 일이었다.

클라르나는 이 문제를 어떻게 해결했을까? 구매자는 '구매하고 14일 내 결제' 방식을 선택하면 고객들은 e-mail 주소와 우편번호를 묻는 간단한 질문에 답을 한다. 클라르나는 이 답을 토대로 내부 알고리즘으로 거래 위험도를 평가한다. 결과가 긍정일 경우(주문자가 물건을 받은 후 결제를 안 하거나 결제를 지연해서 기업에 손해를 유발할 확률보다 결제에 응할 확률이 유의미한 수준보다 높을 경우) 소비자 대신 판매업체에 대금을 대신 지불, 나중에 소비자로부터 입금을 받는다. 클라르나가 결제방식을 중계해 주는 플랫폼 역할을 하는 형태이다.

알고리즘에 쓰일 데이터는 소비자 행동데이터로 주문 시간대, 입력문자의 대소문자 여부, IP 주소의 유효성 등이다. 가령 오후 1시에 구매하는 것보다 새벽 1시에 주문하는 경우와 소문자를 입력하는 것보다 대문자를 입력할 경우를 더 위험하다고 평가하는 식이다. 심지어 고객이 맥주에 관한 책을 고를 때가 샴페인에 관한 책을 살 때보다 위험도를 높게 매기는 정교함까지 갖췄다.

클라르나의 핵심은 알고리즘이다. 알고리즘은 여러 질문으로 구성된 조건절로 짜여 있다. 빅데이터를 기반으로 추천 알고리즘을 쓰는 아마존, 넷플릭스 등이 애용하는 방식이다.

소비자는 e-mail 주소와 우편번호 정도만 간단히 입력하는 방식으로 구매를 '가볍게' 끝낸다. 이 비즈니스모델의 차별점은 결제와 구매를 분리한 것. 반면 보통의 카드결제나 온라인 송금 등은 구매와 결제가 동시에 이뤄진다. 클라르나는 간편 후불 결제로 소비자 참여를 늘려 거래 규모를 키우고 일부 '작은 거래사고'가 나더라도 지속 영업이 가능한 구조이다. 통계적으로 1퍼센트의 위험과 나머지 99퍼센트는 정상 거래지만 대부분 업체의 결제 방식은 1퍼센트의 위험부담도 허용하지 않는다.

클라르나는 1퍼센트 위험을 '안전하게' 떠안는다. 대신 정교한 질문으로 구성된 알고리즘이 안전을 담보해 준다. 이 것이 3500만 고객, 5만 여 판매업체와 제휴한 유럽 최고의 온라인 결제 플랫폼으로 성장한 비결이다.

13장
창創, 변變의 근원

소설에 등장하는 사건에는 그에 앞서 발단이 있다.

세계대전 같은 역사적 사건도 도화선이 된 발단이 있다.

지금의 4차 산업혁명도

발단이 된 사건이 있긴 마찬가지다.

이처럼 창創, 변變을 낳은 사건의 발달에

질문은 어떤 위치를 차지할까?

Why not? 흑인 차별 폐지의 시초가 된
로자 팍스의 반행反行

지금 누리는 자유는 누군가의 용기 있는 희생의 산물이다. 혁명의 단초는 작은 용기에서 시작된다. 그 용기의 씨앗은 'Why not?' 사회통념에 대한 반문이다.

인종차별은 미국 남북전쟁 종전으로 노예 해방이 발효된 1865년 이전까지는 당연한 일이었다. 흑인 차별이 심했던 당시는 '짐 크로우 법Jim Crow laws'이 미국 남부를 중심으로 유행처럼 번져갔다. 짐 크로우는 1830년대 백인 코미디언 토머스 디 라이스Thomas D Rice가 관객을 웃기기 위해 설정한 가상인물로 가난하고 무식하며 더러운 절름발이 흑인으로 묘사되었다. 이후 짐 크로우는 흑인의 법적, 관습적 행동의 제약을 상징하였다.

1877년 남부를 장악했던 북부 연방군이 철수하자 흑인 차별이 심화되었는데, 1890년 미시시피 시는 투표자격 조건으로 문맹시험을 도입했다. 형식은 문맹시험이었지만, 내용은 흑인의 선거권을 제한할 목적이었다. 가령, 흑인에겐 비누거품이 몇 개인지를 묻고, 백인에겐 개나 고양이 같은 단어를 읽게 하였다. 인도에 백인이 걸어가면 흑인은 가던 길을 비켜 주어야 했다. 남부 흑인의 정치 참여율은 급격하게 떨어졌다. 1896년 이전 루이지애나 주의 흑인 등록률이 95.6퍼센트에서 1904년에는 1.1퍼센트까지 감소할 만큼 흑인의 참정권은 수직 강하했다.

1950년대 당시 백인과 흑인은 식당, 기차, 버스, 화장실 등 대중시설을 철저히 따로 사용했다. 버스 앞쪽에 백인만 타도록 법까지 정해 놓을 정도로 차별은 극에 달했다. 남부 몽고메리에 살던 로자 팍스(Rosa Parks, 1913~2005)는 매일 버스 맨 뒤칸에 타는 게 불만이었다. '왜 난 맨 뒷자리만 타야 하지?' 반문을 한 로자 팍스는 어느 날 용기를 내 앞 좌석에 앉았다. 그녀는 법을 어긴 죄로 경찰에 체포되었다. 반면, 사람들은 그녀의 용기에 박수를 보냈다.

이 사건은 인권운동에 불을 지폈다. 같은 지역에 살던 20대 청년 마틴 루터 킹(Martin Luther King Jr., 1929~1968) 목사는 버스 보이콧 운동을 주도했다. 수 시간을 걸어서 출퇴근 행진을 했다. 수 만 명의 흑인들이 동참했다. 흑인 소유 택시회사들은 버스요금만 받고 흑인들을 택시에 태워 주었다.

1년이 넘도록 비폭력 저항운동은 멈추지 않았다. 결국 미 연방대법원이 두 손을 들고 흑인과 백인의 승차 구분을 위헌으로 판결하자, 이때부터 더욱 인종차별을 반대하는 운동이 확대되었다. 로자 팍스의 '작은 항거'로 시작한 변화의 파도는 1963년 존 F. 케네디(John Fitzgerald Kennedy, 1917~1963) 대통령의 인종, 피부, 종교, 국적에 기초한 차별 철폐를 위한 포괄적 법안인 '민권법' 제안과 이듬해 1964년 존슨(Lyndon Baines Johnson, 1908~1973) 대통령의 법안 서명으로 연결되는 '혁명의 물결'로 확산되며 시대 변화를 열었다.

잘못된 차별인줄 알면서도 숨죽여야 했던 날들! 한 여성의 묵은 관습을 깨는 'Why not?' 정신이 많은 흑인들의 가슴에 공감을 일으켜 시민운동으로 성장, 인간의 존엄성을 회복하는 데 큰 계기가 되었다.

이의 있습니다!

유럽 중세시대 루터(Martin Luther, 1483~1546)는 전통에 의문을 제기, 종교개혁의 시초를 이뤘다. 루터는 구원에 관한 종래 선행의 의미를 다르게 봤다. 라틴어 Indulgentia(인덜전티아)는 '은혜', '호혜'를 의미하는데 '대사大赦'로 번역된다. '사赦'는 '죄수를 용서하다'는 의미로, 죄를 '사赦하다' 할 때의 '사赦'이다. 그리스도교에서는 인간이 지은 죄는 본인의 진실한 회개로 면(사함)해질 수 있다. '영적' 측면이다.

반면, 가톨릭Gatholic에선 '선행'이 따라야 구원을 받을 수 있는데, 이 선행은 기도와 봉사, 그리고 기부가 수반됨을 전제로 한다. 문제는 기부. 중세 말기 기부된 상당량의 돈이 본연의 목적보다는 건물을 과도하게 포장하는 데 들어갔다. 이는 가톨릭 내부에서도 문제시 되어 비판을 받았다.

루터가 의문을 제기한 부분이 이 부분이었다. 과연 '선행'이 구원에 포함될 수 있느냐는 본질적 질문. 루터는 '믿음'만으로 구원에 이를 수 있다고 생각했다. 사람들이 진짜 두려워하는 것은 죄가 아니라 죄에 따른 형벌인데, 선행을 해서 죄가 면해진다고 생각하면 죄를 짓고도 진실하게 뉘우치지 않게 된다고 생각했다. 형벌을 피하기 위한 목적이 큰 것. 루터는 이것이 예수 그리스도의 희생을 헛되게 한다고 생각했다. 죄는 결코 물질적 기부인 '선행'으로 씻을 수 없다고 생각했다.

루터의 업적은 옳고 그름의 문제가 아니라 기존에 불문율로 관습화된 규범에 이의를 제기하고 새로운 종파를 만듦으로써 종교 사상의 다양성을 열었다는 점이다. 역사를 길게 보면 변화와 발전은 기존 체계에 의문을 제기하는 새로운 학설, 이념, 사상에 의해 추구되었다. 종교도 예외는 아니었다. 오래 묵은 것일수록 반향은 크다. 건강한 문화는 동의同意로만 이루어지지 않는다. 이의異義가 허용되고 이견異見이 존중될 때 문화는 꽃 필 수 있다.

독창적 스타일을 탄생시킨 질문

질문이 문학 스타일도 바꿀 수 있을까?

어느 날 술을 마시고 화장실에서 볼일을 보고 있던 이현세에게 친구가 불현듯 물었다.

"우리는 오줌을 갈기면서도 진지한 이야기들을 나눌 수 있는데, 소설이나 영화 같은 걸 보면 왜 꼭 중요한 이야기는 다방이나 술집에서 분위기 잡고 하는 거지?"

『인생이란 나를 믿고 가는 것이다』에서 만화가 이현세는 친구의 뜬금없는 이 질문에 순간 정신이 번뜩 들었다고 한다. 당시 자신이 그려왔던 그림이 그런 '류'였기 때문이다.

나만의 스타일을 가져야 한다는 강박관념을 가지고 있었지만, '집은 정리정돈이 잘 되게', '사람은 선남선녀 같이 잘 생기고 예쁜 캐릭터'처럼 그려야 한다는 신념으로 현실과는 전혀 동떨어진 그림을 그려왔던 것. 친구의 질문은 혜성이 지구에 충돌하듯 외부 세계가 자신의 내부 세계를 강타한 것이었다. 그 후로 이현세는 깨달음을 얻게 해 준 '화장실 친구'를 스승처럼 생각하며 자주 만나 인생 이야기를 나누곤 했다. 그때 친구의 질문을 만나지 않았더라면 지금의 인간 냄새가 폴폴 나는, 보다 현실에 가까운 그만의 스타일이 나올 수 있었을까?

'고래사냥', '못다 핀 꽃 한 송이' 대학시절 기타를 치며 숱하게 불렀던 노래다. 동그란 까만 안경에 작은 키의 김수철, 대부분 사람들은 그를 대중가요 가수로만 알고 있지만 시청률 42.8퍼센트까지 오른 TV에서 방영된 허영만 작가의 인기 만화영화 '날아라 슈퍼보드'의 주제곡 '치키치키차카차카'를 작곡한 '멀티 엔터테이너'이다. 이 노래는 입에 착착 감기는 중독성 있는 곡으로 어른들까지 따라 부를 정도로 인기가 높았던 곡이다. 편곡한 악기만 해도 호루라기, 트라이앵글, 개 짓는 소리 등 음악이 될 만한 주위의 갖은 재료를 음악요리 원료로 쓸 만큼 김수철은 실험정신으로 중무장한 다재다능한 예술가이다.

그가 어린이 노래에 관심을 가지게 된 것은 1989년 MBC TV 어린이 드라마 '꼴찌 수색대' 작곡 요청을 받게 되면서부터였는데, 어린이에 대한 각별한 사랑으로 제작 조건을 따지지 않고 바로 승낙했다. 그런데 문제는 작곡하기로 했지만 정작 어린이들에 대해 잘 모른다는 점. 호기에 부합하지 못한 자신의 무지를 뉘우친 그는 어린이에 대해 본격적으로 공부하기 시작했다. 그의 접근법은 남달랐다. 자신의 예술성과 개성만을 자유롭게 펼치기보다는 상대의 관점에서 생각한 질문의 리더였다.

'어린이는 무얼 좋아할까?'

'어떤 색깔을 좋아할까?'

'어떤 장난감은 좋아할까?'

'무엇에 관심이 있을까?'

그의 업적은 만화영화 주제가에서 그치지 않았다.

- 1993년 한국영화 최초로 100만 관객을 돌파한 서편제 영화음악 감독 겸 작/편곡(참고로 당시엔 지금처럼 멀티플렉스 극장이 아니라 단일 극장이었다. 1천 장 팔리면 성공한다고 평가 받는 OST 음반시장에서 100만 장 판매는 업계의 큰 화제를 몰고 왔다.)

- 86 아시안 게임, 88올림픽, 2002 월드컵, 2010 G20정상회의 음악 작곡

- 『작은 거인 심수철의 음악 이야기』 집필

이젠 저자로서 독자를 찾기까지 그의 광폭 스펙트럼은 그 끝이 어딘지 알 수 없다. 서편제는 당시 청와대까지 초청받아 상영될 정도로 인기가 치솟아서 출연한 배우와 감독은 '히트'를 쳤는데, 아쉽게도 영화음악을 작곡한 김수철은 상대적으로 덜 알려졌다.

우리 가락 산조散調[1] 형식을 차용, 작곡하고 연주한 '기타신조'의 창시자라는 것도 새롭게 들릴지 모르겠다.

대중가수로는 그만큼 전통 국악에 관심 많은 사람은 없

다. 그에겐 참 '괜찮은' 국악이 왜 대중에겐 외면 받는지 김
수철은 늘 의문을 가졌다.

"우리 소리가 왜 대중화가 안 될까?"
"우리 소리가 왜 생활화가 안 될까?"
"우리 소리가 왜 세계화가 안 될까?"
"나는 이 문제들을 풀기 위해서 지금까지 공부하며 연구하고
있다."

　　　　　　　-김수철 『작은 거인 김수철의 음악이야기』 까치

　　이 질문들이 낳은 '기타 산조'는 우리 전통 산조 형식인 진
양조, 중모리, 중중모리, 자진모리, 휘모리 순으로 점점 빨라
지며 절정에 다다르는 새로운 음악 형태로 그가 작곡한 곡
을 들어보면 국악과 현대음악의 만남이 이렇게 조화를 이룰
수 있는지 감탄하지 않을 수 없다.

****
1) 〈음악〉 민속 음악에 속하는 기악 독주곡 형태의 하나. 삼남 지방에서 발달하였으며 가야금, 거문고,
　　대금, 해금, 아쟁 산조의 순으로 발생하였다. 느린 장단에서 빠른 장단으로 배열된 3~6개 장단 구성
　　의 악장으로 구분되며 반드시 장구 반주가 따른다.
　　　　　　　　　　　　　　　　　　　　　　　　　　　　　　-네이버 사전

거인의 어깨에 올라타는 비결

에어비앤비Airbnb CEO 브라이언 체스키(Brian Chesky, 1981~)는 책을 좋아하는 독서가로 '학습하는 기계'로 불릴 만큼 배움과 깨우침에 대한 욕망과 호기심이 많았다.

그는 아직 세상을 잘 모르는 20대의 젊은 나이에 창업하였다. 매년 기하급수적으로 성장일로에 있는 에어비앤비 대표를 맡기에는 힘이 부칠 때가 많았다. 물밀 듯이 쏟아지는 현안과 빠르게 변하는 경쟁 환경에 대처하느라 기업 경영에 필요한 지식을 배울 여유가 없었다. 그렇다고 배움을 게을리 할 수 없었던 그가 선택한 경영도구는 '질문'이었다.

수시로 멘토, 전문가들을 찾아가 끈질기고 깊이 있게 파고들었다. 투자의 귀재 워런 버핏을 비롯하여 벤처 캐피탈 회사 세쿼이아Sequoia의 파트너 그렉 맥아두Greg McAdoo, 최고의 성공률로 스타트업을 인큐베이팅하는 전문기업 와이 컴비네이터의 투자가 폴 그레이엄Paul Graham, 애플 최고 디자인 책임자 조너선 아이브Jonathan Paul Ive, 디즈니 CEO 로버트 아이거Robert Iger, 페이스북 CEO 주커버그Mark Elliot Zuckerberg와 운영책임 임원 셰릴 샌드버그Sheryl Sandberg, 이베이 CEO 존 도나호John Donahoe, 차량 공유 플랫폼 리프트 CEO 존 짐머John Zimmer, 온라인 결제 플랫폼 스퀘어 CEO 잭 도시Jack Patrick Dorsey 등 그가 만난 기업인들은 헤아리기 어려울 정도로 많다.

구글, 애플에 초기 투자한 선견지명이 있는 벤처캐피털 세 콰이아의 파트너 그렉 맥아두는 2008년 미국 경제위기가 발생한 이래로 아직 어려운 시절인 2009년 4월 스타트업 인 큐베이터인 와이 컴비네이터를 방문, 벤처투자가 그레이엄 에게 물었다.

"요즘 같은 불황기에 누가 대박을 칠 수 있을까요?"

"지적인 강인함을 가진 사람들이죠." 그레이엄이 대답 했다.

"그런 사람들이 누구죠?"

그래이엄은 맥아두에게 에어비앤비 창업자 3명을 소개시 켜 주었다. 마침 맥아두는 휴가와 숙박에 관한 비즈니스를 1 년 반 동안 연구해왔던 참이었다. 맥아두는 브라이언 체스키 Brian Chesky, 조 게비아Joe Gebbia, 블레차르치크Nathan Blecharczyk 3 인을 벤치에서 만났다. 에어비앤비는 초기에 회원과 수입이 없어 고사 직전이었다. 그레이엄은 회사를 살리기 위해 인쇄 소를 운영하는 디자인스쿨 동문에게 부탁해서 받은 1000개 의 박스를 손으로 일일이 접고 글루건을 사용해 포장용지로 '변신'시켜 단가 5달러짜리 시리얼을 50달러에 팔았다. 그는 와이컴비네이터로부터 2만 달러를 투자받고 6퍼센트의 회 사 지분과 맞바꾼 전력이 있었다. 맥아두는 이보다 훨씬 많 은 역대 최고인 59만 달러를 투자했다. 투자금은 훗날 45억 달러에 달하는 약 10,000배 가깝게 불었다.

　많은 성공인을 만나며 질문하길 주저하지 않은 에어비앤비 CEO 브라이언 체스키, 동종업계 투자 고수에게 투자 대상을 묻는 것을 주저하지 않은 세콰이아의 그렉 맥아두는 질문으로 거인의 어깨에 올라타며 거인이 거둔 열매 이상의 수확을 얻었다.

창조를 이끄는 상상질문

　알카라인Alkaline 건전지보다 2배 성능이 높은 옥시라이드Oxyride는 8년의 긴 연구 끝에 마쓰시다 파나소닉 건전지 사업부에서 개발한 혁신제품이었지만, '기능'의 우위가 '오래 쓰는 건전지' 유명 모델 버니Bunny로 유명한 듀라셀의 탁월한 '브랜드'를 뛰어 넘진 못했다. 일본 광고대행사 하쿠호도는 영감과 아이디어가 충만한 질문을 던졌다.

　"가정용 건전지로 하늘을 날 수 있을까?"

　이들은 정말로 하늘을 날기로 마음먹었다. 사람을 태운 비행기가 2006년 7월 어느 이른 아침, 건전지를 연료로 상공 400m를 비행하는 데 성공했다. 동력원은 160개의 옥시

라이드 AA 건전지. BBC, TIME 등 해외 유명 외신들은 앞 다투어 이 역사적 '사건'을 보도했다. '건전지 비행'의 광고효과는 400만 달러에 달했다. 옥시라이드 브랜드 가치는 비행기처럼 수직 상승했다.

인생역전의 기회를 만드는 질문

질문을 잘하는 것도 중요하지만, 질문을 받았을 때 어떻게 대처하느냐가 인생 전환의 기회를 만든다.

구글에 들어간 수석 디자이너 제이크 냅Jake Knapp은 브레인스토밍Brainstorming의 재미에 푹 빠졌다. 엔지니어 한 명이 불현듯 질문을 던졌다.

"브레인스토밍이 효과가 있다는 걸 어떻게 알 수 있나요?"

순간 그녀는 선뜻 답을 하지 못하는 자신을 발견했다. 생각지 못한 질문이 그녀를 온통 생각에 잠기게 했다. 생각해 보니 그동안 브레인스토밍을 하고 난 이후에 하나 같이 성공한 아이디어는 오히려 브레인스토밍에서 주목 받았던 아이디어가 아니라는 사실을 발견했다.

"그렇다면 최고의 아이디어는 도대체 어디서 나온단 말인가?"

아이디어는 대개 회의실에서 나오지 않고 일상생활에서 나왔다. 커피를 마시거나, 길을 걷다가 문득, 대화를 하다가 나왔다. 그녀는 한정된 일정이 주어진 워크숍에서 각기 전문 분야가 다른 사람들과 한데 모여서 문제를 다루면 집중력이 높아져 생산성도 커짐을 실험을 통해서 알게 되었다. 제이크 냅은 이 방식으로 훗날 성공작이 될 크롬, 구글 서치, 지메일 등을 개발하는 프로젝트를 수행했다.

기회는 의도하지 않은 자연스러운 상황에서 스쳐가듯 나온다. 다양한 사람들과 어울리다 보면 한 번도 해보지 않은 질문을 만나게 될 경우가 있다. 이런 게 운이다. 내 힘으로는 할 수 없는 일, 나 스스로 떠올리지 못하는 일이 누군가의 별 생각 없는 질문으로 깊이 잠들었던 욕망을 일깨운다.

에필로그

앞으로 리더의 제1덕목은 무엇일까? 나는 그것을 '질문능력'이라고 본다. 현대는 리더 혼자 모든 걸 결정하고 판단할 수 있는 시대가 아니다. 시간의 축은 더 정교해지고 더 복잡해지며 더 발전되는 공간의 축과 함께 진화해 간다. 디지털 문명은 정보의 민주화를 열었다. 누구나 쉽게 인터넷에서 정보를 얻을 수 있다. 과거 베일에 가려져 소수만이 점유했던 판도라의 상자들은 이제 유물이 되었다. 기술의 발전은 소수의 경쟁에서 다수가 경쟁하는 시대를 열었다. 능력이 있어도 학력, 학연, 지연 등 '연緣'이 없으면 부와 명예를 차지하기 힘들었던 시대를 산산이 무너뜨렸다. 콘텐츠 하나로 유튜브에서 수 십억을 받는 1인 미디어, 한 주제만으로 네티즌들의 공감을 얻어 유수의 기업체로부터 협찬을 받는 파워블로거가 인정받는 시대이다. 이들은 정보의 민주화 이전 시대에는 존재하지 않았던 직업이었다.

세상은 알아야 할 것이 많아지는 만큼 경쟁할 상대도 많아졌다. 이런 상황에서 리더에게 요구되는 항목은 늘어만 간다. 다방면의 지식과 통찰을 기대하는 대중의 인식에 리더는 피곤하다. 그렇다고 이 피곤함을 날리기 위해서 밤잠 설쳐가며 '더 열심히' 일해야 할까? 앞으로는 다르다. 리더가 모든 능력을 가질 수도 없거니와 모든 걸 가지려 할 때 오히려 경쟁에 뒤쳐진다. 현명한 글로벌 리더들은 혼자 자원을 독점하지 않는다. 한 사람에게 집중되던 자원을 여러 사람에게 분산시킨다. CTO, CIO, CDO, CFO, CMO 등은 예전엔 CEO혼자서 도맡아 했던 역할이다. 나누는 지혜가 필요하다. 그 도구가 바로 질문이다.

리더가 갖춰야 할 덕망과 역량은 시대에 따라 달라져 왔다. 다양한 구성원과 교감을 나누며 서로 생각 차이를 알고 이해하는 소통력, 미래를 예단하는 통찰력, 직원들을 섬기는 서번트 리더십, 인간관계를 허무는 유머감각, 열정과 잠재력을 일깨우는 동기부여, 먼저 실행하는 솔선수범, 남다른 관점의 창의성, 일관된 철학과 비전….

세상은 더 나은 삶으로 진보하듯이 리더에 대한 사람들의 기대수준도 진화해 간다. 커다란 바위를 산꼭대기로 영원히 밀어 올려야 하는 시지프스Sisyphus의 운명이 연상될 만큼 리더의 어깨는 무거워 보인다.

리더란 무엇일까? 리더에겐 기업의 크고 작은 조직장, 사장, 회장, 협회장 등처럼 타이틀 '장長'이 따라 붙는다. 리더는 조직을 책임지는 사람이다. 의사결정 권한이 부여되고 조직을 성장시킬 의무가 따른다. 하지만 이것으로 리더를 모두 아우르기엔 세상이 너무 커져버렸다. 리더는 가족을 부양하는 가장, 집안일과 자녀교육을 챙기는 학부모, 아파트 동대표, 1인 기업부터 예술가에 이르기까지 누구나 해당된다.

리더는 세상을 발전된 방향으로 바꾸는 사람이다. 그렇게 되도록 질문하는 사람이다. 알고 하는 질문이든 모르고 하는 질문이든 어쨌든 그것은 변화에 영향을 미친다. 아이부터 노인까지 누구나 리더가 될 수 있는 이유이다.

子夏曰 博學而篤志 切問而近思 仁在其中矣
자하왈 박학이독지 절문이근사 인재기중의

자하子夏가 말하길,
두루두루 배워 뜻(이치와 원리)을 견실하게 하고 간절히 물어 생각을 가깝게 하면 인仁은 그 가운데 있다.

- 『논어』 「자장」편 6장

'공문십철孔門十哲'이라 일컫는 공자의 수제자 10명 중 가장 문장력이 뛰어난 자하子夏는 공자가 주창한 '인仁'의 사상을 깊고 넓게 배우는 데서 깨달을 수 있다고 봤다. 이 '배움'의 방법론이 '묻고 생각하다.' 이다. 자하의 사상이자 공자의 생각과도 같다. 핵심은 '간절히 묻고 생각을 가깝게 하다.'이다. 묻는다고 절로 얻어지는 것은 없다. 간절한 사람만이 얻는다. '생각을 가깝게 한다.'는 말은 '생각하기'가 일상생활의 일부가 될 만큼 '특별하지 않은 일'이 되게 한다는 의미다. 아무리 오래 배워도 실력이 늘지 않는 이유는 묻고 생각하기가 결여되었기 때문이다. 인간은 물으면 생각하게 되어 있다. 반대로 묻지 않으면 생각하지 않게 된다. 생각을 이끌어내는 것이 질문이다. 질문은 상상을 이끌어내는 마중물이다.

종종 언론에 미래 유망직업 또는 반대로 미래에 사라질 직업이 소개되곤 한다. 갈수록 급변해서 무얼 할지 모르는 시대에서 이목이 쏠리지 않을 수 없다. 하지만 유망직업은 수시로 매번 바뀐다. 그럴 때마다 장단을 맞추느라 갈피를 잡지 못한다면 그만큼 시간을 까먹는다. 중심이 있어야 한다. 중심은 무엇일까? '묻고 생각하기'에서 찾을 수 있다. 유망직업까지는 아니지만 최소한 사라지지 않을 직업 정도는 예측할 수 있지 않을까? 그 중 하나가 카운슬러 상담치료사이다. 이들의 공통점은 '질문하는 사람'이다. 사람은 스스로에게 질문하지 않는 경향이 있다. 이것이 직업 존재의 이유가 된다. 대부분 상담 과정은 질문과 답변으로 구성되어 있다. 혼자 질문하고 혼자 답하는 사람은 드물다.

우리는 모든 것을 다 할 수 없기에 한 분야의 '전문가'를 찾는다. 업무분담의 효율화다. 흥미롭게도 답을 찾기 위해 상담사를 찾는 사람들은 이미 답을 가지고 있다. 상담사는 답을 알려주는 사람이 아니다. 상담하러 온 사람에게 문제를 발견하고 답을 스스로 찾을 수 있도록 적절하게 '질문을 제공하는 사람'이다.

'미궁 속에 빠졌다.'는 말이 있다.

미궁迷宮의 미는 '미혹하다', 궁은 '집'을 의미한다. 한자에서 유래된 것 같지만 어원은 그리스신화에서 비롯되었다. 미궁은 크레타 섬Kreta에 있는 건물 '라비린토스Labyrinth'를 한자로 표기한 것이다. 크레타 왕 미노스의 후궁 파시파에가 우두인신牛頭人身 상의 괴물을 낳자, 분노한 미노스는 신의 계시를 받고 괴물이 밖으로 절대 빠져 나오지 못할 '특별한 건물'을 구상한다. 모든 통로를 헷갈리게 만들도록 한 것. 명공名工 다이달로스가 일을 맡았다. 많은 '미로迷路'로 구성된 미궁迷宮 '라비린토스'가 완성되었다.

인생은 미로를 푸는 과정이다. 무엇이 미로를 만들까? 편리하자고 만든 법, 규칙, 제도 등 사람이 만든 것이 미로를 만든다. 하지만 가장 큰 미로는 자기 자신이 만든 것이다. 어쩌면 영원히 돌을 떠받칠 운명을 지닌 시지프스처럼 인간도 평생 질문하지 않으면 살 수 없는 운명체인데 그 운명을 잊고 있을지도 모른다.

사실, 우리는 작은 질문으로 하루를 시작한다.

"오늘은 날씨가 어떨까?"

조건반사처럼 습관화 되어 잘 못 느끼겠지만 뇌의 메커니즘은 질문과 답의 프로세스를 따른다. 본능이다. 이것은 운명이다. 질문이라는 운명을 거부하지 않을 때 삶은 고단하지 않다.

참고 도서

〈카카오톡 이야기〉 문보경, 권건호, 김민수 공저, 머니플러스

〈우아한 관찰주의자〉 에이미 E. 허먼, 청림출판

〈기원의 탐구〉 짐 배것, 반니

〈어떻게 질문해야 할까?〉 워런 버거, 21세기 북스

〈옥스브리지 생각의 힘〉 존 판던 저, 유영훈 옮김, RHK

〈천재들의 생각법〉 테레자 보이어라인・샤이 투발리 저, 배명자 옮김, 새로운현재

〈옥스퍼드식 개념 사고법〉 존 윌슨 저, 최일만 옮김, 필로소픽

〈옥스퍼드는 어떻게 답을 찾는가〉 오카다 아키도 저, 김정환 옮김, 엔트리

〈손석희가 말하는 법〉 부경복 저, (주)도서출판 푸른숲

〈인지니어스〉 티나 실리그 저, 김소희 옮김, 리더스북

〈빼기의 법칙〉 오정욱 저, 청년정신

〈언제나 질문 하는 사람이 되기를〉, 김진화 그림, 너머학교

〈스프린트〉 제이크 냅, 존 제라츠키, 브레이든 코위츠 저, 박우정 역, 김영사

〈하버드 수재 1600명의 공부법〉 리처드 라이트 저, 이남규 역, 월간조선사

〈무일푼 노숙자 100억 ceo 되다〉 최인규 저, 행복한 에너지

〈손석희가 말하는 법〉 부경복 저, (주) 도서출판 푸른숲

〈나무위키〉

〈인생이란 나를 믿고 가는 것이다〉 이현세, 토네이도

〈작은 거인 김수철의 음악이야기〉 김수철, 까치

〈푸코, 바르트, 레비스트로스, 라캉 쉽게 읽기〉 우치다 타츠루, 이경덕 역, 갈라파고스

〈온리원〉오종철 저, 북퀘스트

〈혁명론〉한나 아렌드 지음, 홍원표 역, 한길사

〈(사이토 다카시의)질문의 힘〉사이토 다카시 지음, 남소영 역, 루비박스

〈(거창고 아이들의) 직업을 찾는 위대한 질문〉강현정·전성은 공저, 메디치

〈과학과 가설〉앙리 푸엥카레 저, 이정우·이규원 공역, 에피스테메

〈자유론〉존 스튜어트 밀 저, 권혁 역, 돋을새김

〈나무야나무야〉신영복, 돌베게

〈질문지능〉아이작 유 저, 다연

〈나는 왜 똑같은 생각만 할까〉데이비드니븐 저, 전미영 역, 부키

〈당신은 사업가입니까: 창업 전 스스로에게 물어야 할 질문들〉캐럴 로스 저, 유정식 역, RHK

〈(11가지 질문도구의) 비판적 사고력 연습〉M. 닐 브라운·스튜어트 M. 킬리 저, 돈키호테

〈생각 천재가 되는 단 세 가지 도구: 세상에서 가장 쉬운 문제 해결의 기술〉기시라 유지 저, 인플루엔셜

〈고전이 건네는 말. 5, 언제나 질문하는 사람이 되기를〉스유너머R 저, 너머학교

〈에어비엔비 스토리〉레이 갤러거 저, 유정식 역, 다산북스

〈강의: 나의 동양고전 독법〉신영복 저, 돌베게

〈(질문하고 대화하는)하브루타 독서법〉양동일·김정완 공저, 예문

〈스티브 잡스〉월터 아이작슨 저, 안진환 역, 민음사